Bertold Ulsamer

# EXZELLENTE KOMMUNIKATION MIT NLP

Erfolgsfaktoren des Neuro-Linguistischen Programmierens für Führungskräfte

**3. Auflage**



GABAL

Die Reihe für Ihre erfolgreiche Zukunft

Die Deutsche Bibliothek – CIP-Einheitsaufnahme

**Ulsamer, Bertold:**

Exzellente Kommunikation mit NLP: Erfolgsfaktoren des neuro-linguistischen Programmierens für Führungskräfte / Bertold Ulsamer. [Hrsg.: Hardy Wagner im Auftrag der Gesellschaft zur Förderung Anwendungsorientierter Betriebswirtschaft und Aktiver Lehrmethoden in Fachhochschule und Praxis (GABAL) e. V.]. – Bremen: GABAL, 1994

ISBN 3-923984-37-5

NE: Gesellschaft zur Förderung Anwendungsorientierter Betriebswirtschaft und Aktiver Lehrmethoden in Fachhochschule und Praxis: GABAL

| | | |
|---|---|---|
| 1. Auflage | 1. – 3. Tausend | Juli 1991 |
| 2. Auflage | 4. – 6. Tausend | März 1993 |
| 3. Auflage | 7. – 9. Tausend | März 1994 |

| | |
|---|---|
| **Titelbild und Illustrationen:** | **Martin Brosch, Berlin** |
| **Satz und Layout:** | **Peter Koehl, CH 8555 Müllheim** |
| **Herstellung:** | **Druckerei Fortmann KG, Speyer** |
| | |
| **Herausgeber:** | **Hardy R. Wagner** |



28025 Bremen, Postfach 10 25 45,
Telefon (04 21) 36 08 20 • Telefax (04 21) 36 08 235

## Geleitwort von Herausgeber und Verlag

Der vorliegende Band - Exzellente Kommunikation mit NLP - behandelt sehr anschaulich ein aktuelles Thema, das mehr denn je in zahlreichen Medien und Seminaren vorgestellt wird.

Unser Einführungs-Band „NLP - Einstieg in die Neuro-Linguistische Programmierung" (Birkenbihl / Blickhan / Ulsamer) hat durch die einfache, aber gleichfalls sehr anschauliche Darstellung unsere Leser in die Grundlagen von NLP eingeführt. Dieser ergänzende Band der GABAL-Schriften bietet konkrete Umsetzungsmöglichkeiten, um mit NLP zu „exzellenter" Kommunikation zu gelangen. Der Erfolg jedes einzelnen Menschen hängt nicht zuletzt auch von seiner Kommunikations-Fähigkeit ab.

Die Gestaltung des vorliegenden Bandes bildet mit seinen Illustrationen und dem Layout sowie den Zusammenfassungen der Inhalte in Rand-Marginalien eine Symbiose, die unserem Ziel einer hohen Leser-Freundlichkeit in besonderer Weise Rechnung trägt. Zugleich verwirklichen wir unseren Grundsatz der Förderung „rechts- **plus** linkshirnigen" Lernens.

Neben den aufgezeigten Grundhaltungen als Basis exzellenter Kommunikation führt der Autor den Leser anhand von ***5 umsetzbaren Schritten*** zur „exzellenten" Kommunikation. Jeder Leser kann selbst entscheiden, welche Schritte er wie und wann geht und dann erkennen, in welchem Maße er sein gesetztes Ziel erreicht hat.

Dieses Buch ist gerade auch für die Kritiker von NLP lesenswert, da der Autor in einem gesonderten Abschnitt auf die Grenzen von NLP aufmerksam macht. Zugleich zeigt er die Notwendigkeit der Eigenverantwortung jedes einzelnen auf, der NLP im Bereich der Kommunikation einsetzen, nutzen und damit Erfolg haben möchte.

Unseren Lesern wünschen wir mit dieser 3. Auflage, die unseren NLP-Grundlagen-Band, 6. Auflage – an dem der Autor beteiligt war – durch konkreten Anwendungsbezug ergänzt, einen weiteren Schritt in Richtung auf das Ziel unserer Bemühungen – in eine für unsere Leser „erfolgreiche Zukunft".

Speyer, im März 1994

Der Herausgeber — Für den Verlag

Hardy Wagner — Johanna Frank

# Inhalt

# VORWORT

NLP (Neuro-Linguistisches Programmieren) hat sich mit geradezu erstaunlicher Geschwindigkeit über die ganze Welt ausgebreitet. Auch im deutschen Sprachraum stößt es auf immer größeres Interesse. Es ist daher nicht verwunderlich, daß auch immer mehr Bücher und Seminare über dieses Thema angeboten werden.

Angefangen hat es damit, daß sich ein Informatik- und Mathematikstudent (Dr. Richard Bandler) und ein Linguistikprofessor (Dr. John Grinder) sehr intensiv mit den gängigen Psychologierichtungen auseinanderzusetzen begannen. Sie gingen dabei von einer ganzheitlichen Sicht aus: fast alles, was ein Mensch entwickeln konnte, kann auch von anderen gelernt werden. Jeder Mensch hat unendliche Ressourcen, die aktiviert und entwickelt werden können. Richard Bandler sagt: "Wir sollten nicht versuchen, jemand anderem etwas von seinem Kuchenstück abzuschneiden, sondern wir sollten mithelfen, einen größeren Kuchen zu backen. Wir sollten alle unsere Fähigkeiten und Kräfte dafür einsetzen, eine Welt zu schaffen, in der jeder gewinnt. In der Welt gibt es immer Möglichkeiten, aus einem Mangel ein Mehr zu machen, statt um das Wenige zu kämpfen und es aufzuteilen." Gilt dies nicht ganz besonders in der Führung, wenn es darum geht, aus den uns anvertrauten Menschen und ihren besonderen Fähigkeiten mehr herauszuholen? Nicht um sie auszubeuten, sondern in einer Weise, in der sie sich selber besser entfalten können und sie dadurch zufriedener werden und mehr Sinn in ihrer Tätigkeit finden.

Diese Thematik wird im vorliegenden Buch von Dr. Bertold Ulsamer auf originelle, erfrischende Weise mit den Erfahrungen aus vielen Seminaren und einer langjährigen Beratungstätigkeit sehr praxisnah behandelt. Besonders gefallen haben mir die Fallbeispiele, mit denen er seine Gedanken illustriert. Ebenfalls hat mir gefallen, daß der Verfasser sich auch kritisch mit den "Grenzen" des NLP auseinandergesetzt hat. NLP ist eben keine neue "Psychotheologie", welche in jedem nach dem gleichen Muster und mit der gleichen Technik funktioniert. Jeder Mensch verarbeitet und gewichtet innerlich anders. Darum sagt Richard Bandler auch: "Wenn etwas bei einem Klienten nicht funktioniert, versuche etwas anderes...." Ein typisches Beispiel dafür ist der persönliche Eindruck des Verfassers, Richard habe in der zweiten Woche des Seminars in der Schweiz, welches ich auch besucht habe, den Bereich der frühen kindlichen Erfahrungen fast ganz ausgeklammert und sich vor allem den drei Credos "Ecstasy, Excellence und Money" verschrieben. Bei mir ist die Botschaft völlig anders angekommen. Richard erzählte wiederholt, die Geschichten, welche ihm die Klienten über ihre Jugenderlebnisse erzählten, seien doch eigentlich immer recht ähnlich, das heißt, fast jeder von uns hat eine "schwierige Jugend" und "unperfekte Eltern" gehabt. Wenn es uns also gelingt, statt "im Misthaufen unserer früheren Erfahrungen" herumzustochern, eine neue Einstellung zu erzeugen, eine Grundhaltung der Begeisterung und des Wissens um unsere Fähigkeiten, dann verlieren diese alten Erlebnisse automatisch an Kraft. Eine Illustration, wie er das meinte, ist die Geschichte eines jungen Mannes, der ein großer Krieger werden wollte. Seine Brüder waren dies bereits. Als David - so hieß der junge Mann - seine Brüder im Heerlager besuchte, stellte er fest, daß alle israelitischen Krieger mit hängenden Köpfen herumliefen. Sie erklärten ihm, daß bei der Konkurrenz, beim Feind, ein Riese namens Goliath sei, der einen von ihnen zum Zweikampf herausgefordert habe, welcher dann über den ganzen Krieg entscheiden solle. Der winzige David fand das fantastisch, daß dieser Goliath so riesig war, denn dann konnte er mit seiner Steinschleuder doch fast nicht daneben schießen...

Auch zur Frage des doch so wichtigen Geldes hat sich Richard für mein Empfinden so geäußert, daß er sich immer wieder über die Inkompetenz vieler Therapeuten ärgert. Ist es wirklich ethisch vertretbar, einen Klienten immer wieder kommen zu lassen (und ihm dabei Geld abzunehmen), wenn sein Problem auch in ein oder zwei Sitzungen gelöst werden könnte? Jeder Manager würde sich für neue Techniken interessieren, um konkurrenzfähig zu bleiben. Ich habe dies persönlich in einem NLP-Seminar für Therapeuten erlebt. Da meinte doch einer, er habe vier Kinder zu ernähren. Wie könne er dies tun, wenn jeder Klient nur so wenig zu ihm kommen müßte? Haben wir es hier nicht wieder mit einer Frage der Einstellung zu tun? Wenn ich es durch meine "Excellence", meine Meisterschaft, schaffe, meinen Kunden in kürzerer Zeit zu helfen, dann werden sich doch automatisch, bedingt durch meinen guten Ruf, mehr neue "Hilfesuchende" an mich wenden, und ich werde am Ende durch meine gute Leistung sogar noch mehr verdienen...

Größtmögliche Flexibilität wird in unserer immer "zappeligeren" Zeit sowohl für eine Führungskraft wie für einen Therapeuten ein Gebot der Stunde. NLP gibt uns mehr Wahlmöglichkeiten. Setzen wir doch immer die Handlungsweise ein, die im gegebenen Fall die wirkungsvollste ist. Menschen, die Führungsverantwortung tragen, werden in diesem Buch viele neue Erkenntnisse finden. Möge es daher eine möglichst große Verbreitung finden - zum Nutzen der Mitarbeiter wie der Führungskräfte und der Unternehmen.

Prof. Dr. Eddie Meier
CH 9030 St.Gallen-Abtwil

# Exzellente Kommunikation mit NLP

**Erfolgsfaktoren des Neuro- Linguistischen Programmierens für Führungskräfte**

## Was dieses Buch will

Wie Lee Iacocca in dem Bestseller über seine Rettung des konkursreifen Chrysler-Konzerns formuliert, ist Management nichts anderes als die Kunst, andere Menschen zu motivieren. Und die einzige Möglichkeit, Menschen zu motivieren, ist die Kommunikation. "Der Schlüssel zum Erfolg sind nicht Informationen. Das sind Menschen." (1) Und als einen Hauptgrund, warum fähige Leute nicht vorankommen, nennt er, daß sie mit ihren Kollegen nicht gut zusammenarbeiten können, so daß manchmal die wertvollsten Leute nie in die Führungsetage aufsteigen, weil sie nicht mit Menschen umgehen können. "Man muß mit den Leuten reden können, ganz einfach." (2)

**Was sind die Erfolgsfaktoren, die jemand zu einem exzellenten Kommunikator machen?**

Nun versucht jeder, mit dem anderen zu reden, aber dennoch sind die Resultate ganz unterschiedlich. Was sind die Erfolgsfaktoren, die jemand zu einem exzellenten Kommunikator machen? Wie schafft es jemand, Chef und Mitarbeiter für sein neues Projekt zu motivieren, genauso wie er die Familie für den gemeinsamen Sommerurlaub in den Bergen begeistern kann? Wie stellt es ein Trainer an, daß seine Auftragsbücher überquellen, weil die Seminarteilnehmer so begeistert sind? Was macht derjenige, der von seinen Mitmenschen verstanden wird und der seine Mitmenschen versteht?

**Eine neue Trainingsrichtung**

Eine neue Trainingsrichtung, die diese Erfolgsfaktoren untersucht, ist das Neuro-Linguistische Programmieren, besser unter dem Kürzel NLP bekannt. NLP-Trainer behaupten, daß es mit NLP möglich ist, die eigenen Fähigkeiten weiterzuentwickeln und die Leistung und Wirksamkeit im Bereich der Führung und Kommunikation entscheidend zu steigern.

**Jetzt endlich der "Stein der Weisen" gefunden?**

Nun tauchen aber mit gleichbleibender Regelmäßigkeit neue Trainingskonzepte und neue Schulungsmethoden am Managerhorizont auf. Die Vielzahl des Angebots ist inzwischen fast unüberschaubar. Und jede neue Idee, jede neue Verpackung tritt auf, als sei jetzt endlich der "Stein der Weisen" gefunden. Den erfahrenen Praktiker erfüllt daher ein gesundes Mißtrauen, wenn wieder eine neue Richtung mit großem Anspruch daherkommt.

**Ist NLP etwa die Methode, mit deren Hilfe alles erreichbar, alle Probleme und Konflikte lösbar sind?**

Da NLP sehr wirksame Methoden entwickelt hat, reizt es genau die, die Hoffnungen haben, mittels Psycho-Technik ihre Ziele bei anderen durchzusetzen. NLP wird hochgejubelt von denen, die es kennen und verstehen und - vielleicht sogar noch mehr - von denen, die es nicht begriffen und verdaut haben, sondern nur Teilstücke herausgreifen und Hoffnung auf Hoffnung wecken.

Ist NLP etwa die Methode, mit deren Hilfe alles erreichbar, alle Probleme und Konflikte lösbar sind? Der Anspruch, mit dem NLP auftritt, spricht häufig genau diese geheimen Wünsche an. Dabei werden solche Hoffnungen auch dann bestätigt, wenn ich mit dem Argument für NLP werbe: Lernen Sie jetzt selbst NLP beherrschen, damit Sie den NLP'lern nicht hilflos ausgeliefert sind.

**NLP ist ein großartiges Instrument**

Meiner persönlichen Auffassung nach wird eine Diskussion, die sich auf diesen Rahmen beschränkt, dem Potential von NLP nicht gerecht. Als ich 1984 mit meinem damaligen Partner C. Blickhan zusammen das ORBIT NLP-Institut als Management-Trainingsinstitut gründete, geschah das, weil wir enorm viel von den vielfältigen Möglichkeiten des NLP hielten. Deshalb spezialisierten wir uns bewußt als erste in Deutschland auf die Anwendung von NLP in der Organisations-Entwicklung und in der beruflichen Weiterbildung.
Die vielen Erfahrungen, die ich inzwischen in der Trainingspraxis mit NLP gesammelt habe, bestätigen die Erwartungen, die ich in die Möglichkeiten des NLP gesetzt habe: **NLP ist ein großartiges Instrument**.

**Wer nur isoliert Techniken nutzt, um damit rücksichtslos seine Ziele zu erreichen, wendet kein NLP an!**

Häufig verstellen die exzellenten Einzeltechniken den Blick auf das große Ganze. Was nicht immer aus den NLP-Ausbildungen oder NLP-Büchern hervorgeht: **NLP hat einen ganzheitlichen und humanistischen Ansatz**. Wer nur isoliert Techniken nutzt, um damit rücksichtslos seine Ziele zu erreichen, wendet kein NLP an!
Diese humanistischen Grundlagen stehen bei vielen, die anfangen, sich mit NLP zu befassen, zunächst am Rande. Den meisten fehlt der Überblick über das neue Riesengebiet. Zu groß ist die Fülle des Wissens, das unter dem Begriff NLP gesammelt wird und das ständig weiterwächst. So gibt es bereits im deutschsprachigen Raum ,etwa 20 Bücher, die die vielfältigen Aspekte des NLP beschreiben, auf englisch gibt es ein Vielfaches davon. Leicht erstickt der einzelne unter der Fülle der Informationen. Häufig fehlt der Rahmen und das Gesamtkon-

zept, in das er neues Wissen einordnen kann. Denn NLP ist vielschichtig und lebensnah, etwas, das nicht im Elfenbeinturm der Denker und Philosophen entstanden ist, sondern in der täglichen Praxis.
Dieses Buch richtet sich an Führungskräfte, die neugierig auf NLP sind, aber von den vielen Techniken abgeschreckt werden. Gleichzeitig ist mancher Aspekt auch für NLP-Kenner neu und von Interesse.

**Dieses Buch versucht, einen Blick auf das Wesentliche von NLP zu geben**

Sein Anliegen ist es, die **Grundlagen** des NLP herauszuarbeiten und einen **Rahmen** zu geben, in den Techniken und Methoden eingeordnet werden können. Es versucht, einen Blick auf **das Wesentliche** von NLP zu geben. Das Verständnis dessen, was wesentlich ist, ist dabei sehr persönlich. Deshalb werden Sie, wenn Sie sich in NLP auskennen, manches gar nicht oder unter einem anderen Blickwinkel erwähnt finden. Damit wird dieses Buch zu einer Erweiterung und Vertiefung bestimmter Aspekte des 1987 erschienenen kleinen GABAL-Buchs "NLP Einführung in die Neuro-Linguistische Programmierung"(3).

**Ein Blick auf die einfachen Tugenden und Grundlagen**

Wer bisher von der Fülle der Techniken abgeschreckt wurde, kann hier einen Blick auf die einfachen Tugenden und Grundhaltungen werfen, die jedermann auch ohne ausgefeilte Schulung nutzen und umsetzen kann.
Dabei wird der immense Wissensstoff des NLP zwangsläufig (und freiwillig) reduziert und vereinfacht. **Denn das Wesentliche ist immer einfach**. Im Grunde genommen, liebe Leserin, lieber Leser, kennen Sie das Wesentliche schon und haben es auch schon

vorher bewußt oder unbewußt praktiziert. Was NLP neu macht: Es bringt Ihr Wissen ans Tageslicht, formuliert es und macht es für Sie greifbar. Auf diesem Weg, Ihr eigenes Wissen wiederzufinden, soll Sie dieses Buch unterstützen!

**Literatur:**

(1) Iacocca, Iacocca L./Novak W., Iacocca. Eine amerikanische Karriere, Berlin: Ullstein 1987, S. 81, S. 84, S. 89
(2) Iacocca, aaO., S. 86
(3) Birkenbihl V., Blickhan C., Ulsamer B., NLP. Einstieg in die Neuro-Linguistische Programmierung; 6. Auflage, GABAL, Bremen/Speyer 1993

## Aufbau des Buches

**Sechs wesentliche Grundhaltungen zum exzellenten Kommunikator**

In **Teil I** werden **sechs wesentliche Grundhaltungen** des NLP herausgearbeitet, die jemand zu einem exzellenten Kommunikator machen. Dabei suche ich auch aus anderen Bereichen und von anderen Autoren Unterstützung für aufgestellte Thesen. Beispiele aus meiner eigenen Tätigkeit als Trainer zeigen anschaulich, wie diese Grundhaltungen in die Praxis umgesetzt werden.

In **Teil II** erläutere ich mittels eines einfachen Modells, das ich in meiner Seminarpraxis entwickelt habe, welche **fünf Schritte** existieren, um Kommunikation in der Praxis erfolgreich zu machen. Sehr sinnvoll ist es, dieses Modell als groben Rahmen zu nehmen, um die einzelnen NLP-Techniken einzuordnen. Bei jeder Stufe bringe ich einzelne Beispiele von NLP-Techniken. Denn immer wieder erlebe ich, wie die Fülle von NLP-Techniken beziehungslos nebeneinander gesehen wird und den einzelnen in ihrer Vielfalt eher erschlägt.

## Was sich hinter NLP verbirgt

**Neuro-Linguistisches Programmieren**

Das Wort NLP (Neuro-Linguistisches Programmieren) weist auf die Forschungsschwerpunkte hin, nämlich die Zusammenhänge zwischen körperlichen (**neuro**physiologischen) Zuständen, Sprache (**Linguistik**) und inneren Denk-**Programmen**.

**Richard Bandler und John Grinder**

Die NLP-Methode wurde in den 70er Jahren in den USA von zwei jungen amerikanischen Wissenschaftlern, Richard Bandler, Gestaltpsychologe und Computerfachmann, und John Grinder, Linguist und Sprachforscher, ins Leben gerufen. Seit diesem Zeitpunkt arbeiten sie und viele andere ständig daran weiter, dieses Wissen auszubauen und zu verfeinern.

**Wie gehen Spitzenkönner der Kommunikation auf andere Menschen ein?**

Den Ursprung von NLP bildeten Untersuchungen zur Frage: Wie gehen Spitzenkönner der Kommunikation auf andere Menschen ein? Wie schaffen sie es, andere zu überzeugen, mitzureißen und zu beeinflussen? Was macht ihr Geheimnis aus?

**Was machen diese Spitzenkönner instinktiv richtig?**

Die ersten Forschungen richteten sich auf einige der damals fähigsten Therapeuten in den USA (Fritz Perls, Milton Erickson, Virginia Satir) und weiteten sich dann bald aus auf besonders erfolgreiche Führungskräfte, Manager, Verkäufer, Ärzte und Künstler.
Bis ins kleinste Detail wurde beobachtet: Was machen diese Spitzenkönner instinktiv richtig? Wie verhalten sie sich? Wie bewegen sie sich?

**Gibt es bestimmte Gesetzmäßigkeiten im intuitiven Vorgehen?**

Wie sieht ihr Denken, wie sehen ihre Werte aus?
Gibt es bestimmte Gesetzmäßigkeiten in diesem intuitiven Vorgehen, und lassen sich diese Regeln erkennen und vermitteln? Gibt es hinter den unterschiedlichen Theorien bisher unbekannte Strukturen, die erklären und beschreiben, wie man positive Kommunikation und Veränderung erreichen kann?
Die Grundannahme ist: Was **ein** Mensch kann, kann auch jeder andere lernen. Das heißt: Jeder von uns kann von den Genies lernen und selbst so die **eigene** Genialität entwickeln. Das "bescheidene" Ziel war und ist: Exzellente Fähigkeiten selbst zu entwickeln.

**Das Vorgehen der NLP-Gründer war simpel und revolutionär**

Dieses Vorgehen der NLP-Gründer war simpel und revolutionär - genau wie die Ergebnisse, die es erbrachte. Simpel war das Vorgehen deshalb, weil nur das zählte, was jeder genaue Beobachter sehen und hören konnte, und revolutionär, weil damit plötzlich alle akademischen Gedankengebäude und Theorien bedeutungslos waren. Das Ergebnis waren neue Sichtweisen für Alltagserfahrungen ebenso wie ausgeklügelte "magische" Techniken.

**3 Bereiche, in denen unterschiedliche Schwerpunkte liegen**

Das unter dem Begriff NLP zusammengefaßte Wissen ist ein Ganzes. Alle Fähigkeiten und Techniken fließen integriert zusammen. Dennoch will ich **3 Bereiche unterscheiden, in denen unterschiedliche Schwerpunkte liegen**. Die Trennlinien sind in der Praxis so scharf nicht zu ziehen, aber der NLP-Kenner möge mir das um des leichteren Verständnisses willen verzeihen.

# 1. Das Lernen vom Modell

**Schwerpunkt der früheren Forschung war der kranke und neurotische Mensch**

Wenn in den früheren Jahrzehnten die Psychologie und Medizin im Bereich Therapie Verhalten und einzelne Menschen untersuchte, dann war Schwerpunkt der Forschung der kranke und neurotische Mensch. So entstand die Psychoanalyse aus dem Studium und der Behandlung damaliger psychisch kranker Patienten. Viel wertvolles psychologisches Wissen wurde aus den Beobachtungen über Entstehung, Verlauf und Heilung von Krankheiten und Defiziten gesammelt.
Gleichzeitig engt dieser Blickwinkel stark die Auswahl an Informationen ein, denn geschaut wird immer nur in eine negative Richtung. Darüber hinaus kommt es immer wieder vor, daß die Analyse und das Verständnis, wie eine Schwierigkeit entstanden ist, noch nicht alle notwendigen Informationen enthält, um diese auch zu lösen.

**NLP: Von Anfang an wurden besonders erfolgreiche Persönlichkeiten untersucht**

Der Ansatzpunkt von NLP ist diametral anders: Von Anfang an wurden besonders erfolgreiche Persönlichkeiten untersucht, Personen, die weit mehr Fähigkeiten zur Verfügung haben als der Durchschnittsmensch. Durch Analyse des Verhaltens und des Denkens wurden die Bausteine isoliert, die gerade diese besonderen Fähigkeiten ausmachen.
So hat z. B. Robert Dilts an einer langen Untersuchung über bereits verstorbene Genies gearbeitet (u.a. Leonardo da Vinci, Einstein, Mozart und Jesus), wobei er versuchte, aus ihren Schriften und allem sonst zur Verfügung stehenden Material herauszukristallisieren, was ihre besonderen Fähigkeiten ausgemacht hat.

**Das Modell-Lernen**

Vereinfacht dargestellt, sieht das Modell-Lernen so aus: Jemand besitzt eine Fähigkeit in einem bestimmten Bereich. Der NLP-Könner hat ein Defizit auf diesem Gebiet und nutzt sein NLP-Wissen, um vom Überlegenen - meist mit dessen Unterstützung - diese Fähigkeit zu lernen.

*Ingenieur Schneider hat die Fähigkeit, vorbehaltlos negatives Feedback anzunehmen und alles Wertvolle daran für sich zu nutzen - ohne sich verteidigen zu müssen. NLP-Lehrling Abel in der gleichen Abteilung fällt dagegen schon bei vorsichtigen Verbesserungsvorschlägen anderer sofort in eine Verteidigungshaltung und führt oft überflüssige Auseinandersetzungen. Abel geht nun zu Schneider und bittet ihn um seine Unterstützung. Abel nutzt sein NLP-Wissen und fragt detailliert nach, um von Schneider zu lernen, besser Feedback anzunehmen.*

**Der Begriff "Krankheit" engt ein**

## 2. Therapie und Coaching

Therapie bedeutet dem allgemeinen Verständnis nach, daß jemand, der "seelisch krank" ist, zum Psychologen oder Arzt geht, um sich von ihnen heilen zu lassen. Der Begriff "Krankheit" engt ein und enthält gleichzeitig eine Reihe von negativen Wertungen.

NLP-Trainer arbeiten statt dessen mit dem Begriff "Störung". Jemand, der zu ihnen kommt, fühlt sich durch bestimmte Probleme oder Schwierigkeiten gestört. Derartige große und kleine Störungen kennt jeder: Es gibt z. B. im Betrieb immer wieder belastende Situationen mit Mitarbeitern. Der Arbeitsstreß wird ständig größer, und selbst das neue Zeitplanbuch findet sich nach 14 Tagen wieder in der Ecke. Spannungen und Konflikte mit den Kollegen treten

auf, ohne daß zufriedenstellende Lösungen möglich scheinen.
An irgendeinem Punkt des Problems könnte dann der Entschluß kommen, Hilfe bei einem Fachmann für Problemlösung zu suchen. Nicht, weil man krank ist sondern einfach, weil es zu mühsam geworden ist, sich mit den Schwierigkeiten allein herumzuschlagen. Diesem Verständnis entspricht der Begriff Coaching am besten.
Der Fachmann kennt Methoden, wie innere und äußere Veränderungen möglich sind, so daß störendes Verhalten, störende Gefühle oder störende Gedanken nicht mehr auftreten oder anders, nämlich nicht mehr als belastend, erlebt werden.

**Die Hilfe bei einem Fachmann für Problemlösungen**

*Meister Lehmann ist unzufrieden mit sich selbst, weil er mit seinem Chef nicht zurechtkommt. Ständig reagiert Lehmann überempfindlich und fährt aus der Haut. Das gesamte Betriebsklima fängt an, darunter zu leiden. Trotz seiner energischen Versuche und guten Vorsätze gelingt es ihm kaum, sich zu beherrschen. Deshalb entschließt er sich zu einer Coaching-Sitzung, um sich bei einem Fachmann Unterstützung zu holen, die Situation in Zukunft besser zu bewältigen.*

NLP bietet vielfältige Methoden an, um mit den unterschiedlichsten Störungen umzugehen. Das reicht von der Erlernung neuer Verhaltensmöglichkeiten über die Auflösung blockierender Ängste und Zwänge bis hin zur Behandlung von psychosomatischen Beschwerden. Wer sich dafür interessiert, findet mehr Stoff dazu in dem GABAL-Band "NLP–Einstieg in die Neuro–Linguistische Programmierung", Kapitel "NLP in der Therapie".

**NLP bietet vielfältige Methoden an, um mit den unterschiedlichsten Störungen umzugehen**

**Das Coaching**

Vereinfacht dargestellt, sieht die Beratungssituation im Coaching so aus, daß jemand mit einem Defizit ("Störung") zu dem NLP-Könner kommt, der ihm in diesem Wissen überlegen ist und sein Wissen bei der Behebung des Defizits einsetzt.

## 3. Kommunikation in Beruf und Alltag

**NLP hat ein enormes Wissen gesammelt**

Der dritte Bereich, für den NLP ein enormes Wissen gesammelt hat und verfügbar macht, ist die Kommunikation im Beruf und im Alltag. Dieser Bereich unterscheidet sich vom Modell-Lernen und Coaching dadurch, daß **beide Partner sich auf der gleichen Ebene begegnen**. Es geht nicht darum, Defizite zu beseitigen, sondern gemeinsam Ziele zu erreichen.

**Erfolgreiche Kommunikation am Arbeitsplatz**

Wissen über erfolgreiche Kommunikation ist anwendbar am Arbeitsplatz im Umgang mit Kollegen, Mitarbeitern und Vorgesetzten. Es ist wichtig und hilfreich für den Trainer, der Seminare leitet. Der Verkäufer wird es im Umgang mit dem Kunden anwenden. Es spielt die gleiche Rolle beim Überzeugen in einer Teamsitzung, am Biertisch oder bei einem Erziehungsversuch des Vaters mit seinem Kind. Und genauso bedeutsam ist es in der Partnerschaft, um Konflikte zu lösen und zu einem befriedigenden Zusammenleben zu kommen.

Vielleicht kann ein Bild vermitteln, was hinter

NLP steckt und warum viele sich so schwertun, NLP jemand zu beschreiben, der das erste Mal davon hört:

Am Markt taucht ein unbekanntes, schon bald aber für seine neuartigen Konstruktionen berühmtes Architekturbüro auf.
Das Team dort arbeitet vorzüglich zusammen. Die Materialabteilung hat **alle bekannten guten Baumaterialien** und Bausteine aufgelistet. Das eigene Labor hat darüber hinaus noch einige **zusätzliche Materialien, die dem neuesten Stand der Technik entsprechen**, entwickelt. In der Statikabteilung haben einige sehr begabte Techniker herkömmliche **Gesetze der Statik so umformuliert, daß sie weit eleganter, präziser und einfacher als die bisher bekannten sind**.
Mit diesen Gesetzen und den alten oder auch neuen Bausteinen schafft das Architekturbüro jetzt höchst praktische, formschöne und für den jeweiligen Zweck genau passende Gebäude. Außerdem sind die Kosten erheblich niedriger als bei den bisherigen umständlicheren Ausführungen.
Manchmal kommen junge Architekten ins Büro

**Die meisten NLP-Bausteine waren schon vorher bekannt**

für Öffentlichkeitsarbeit und fragen, was denn so Großartiges an dieser neuen Richtung sein soll. **Die meisten Bausteine waren schon vorher bekannt, und die neuformulierten Gesetze sind einfach und einleuchtend**.

**Die Kombination der Grundsätze mit der Vielfalt an Bausteinen schafft kreative Lösungen**

Am Schreibtisch lassen Sie sich nicht überzeugen. Erst wenn Sie an die frische Luft geführt werden, die neuen Bauwerke sehen und in ihnen herumgewandert sind, erkennen Sie den großen Unterschied zur herkömmlichen Bauweise. Denn die **Kombination der Grundsätze** mit der **Vielfalt an Bausteinen** schafft kreative Lösungen für viele herkömmliche Bauprobleme.

Ähnlich ist es mit NLP. Die meisten Bausteine sind bekannt. Denn vieles im NLP ist

nicht grundsätzlich neu, sondern uraltes Wissen, das die in der Kommunikation Erfolgreichen schon immer angewendet haben. Man kann das auch wie Vera F. Birkenbihl in einem weiteren Bild beschreiben, daß Bandler und Grinder zunächst alte Schläuche mit ausgezeichnetem Wein aus den verschiedensten Herkunftsgebieten sammelten. Den Wein leerten sie in ein großes Faß und brauten daraus einen hochprozentigen Cognac. Diesen füllten sie in neue Schläuche und vermarkten ihn jetzt höchst erfolgreich. Darüber hinaus wurden einige wichtige neue Bausteine entwickelt (z. B. die Nutzung der Eigenschaften von inneren Bildern – Submodalitäten).

**Neue NLP-Bausteine**

Die Regeln und Grundsätze sind einsichtig und einfach, wie Sie im folgenden immer wieder erfahren werden.

**Aber die Kombination aus diesen Elementen schafft überraschend wirksame und hilfreiche Lösungen.**

**Zufriedenheit mit der praktischen Erfahrung von NLP**

So breitet sich der gute Ruf von NLP nicht so sehr über die theoretische Literatur aus, sondern über die Zufriedenheit und Überzeugung derjenigen, die praktische Erfahrungen damit gesammelt haben.

**Zusammenfassung:**

NLP ist aus der Praxis von Könnern geschöpftes Wissen um menschliche Kommunikation und Veränderung – theoretisch untermauert und erweitert. Es enthält das, was besonders Erfolgreiche schon immer, meist intuitiv, richtig gemacht haben. Deshalb ist viel von dem unter dem Wort NLP zusammengefaßten Wissen nicht grundlegend neu.

Neu ist die Möglichkeit, solche intuitiven Fähigkeiten lehr- und lernbar zu machen.

Für Führungskräfte ist NLP der bisher umfassendste Ansatz,

- die Kommunikation mit anderen erfolgreich zu gestalten und
- die eigenen Fähigkeiten weiterzuentwickeln.

# Teil I:

# Sechs Grundhaltungen als Basis exzellenter Kommunikation

**Sechs Grundhaltungen machen den, der NLP ausübt, zu jemandem, der exzellent im Umgang mit anderen ist. Diese Grundhaltungen sind die Basis aller Techniken, die NLP einsetzt.**

## 1. Vertrauen in das menschliche Potential

**Ein Führungsstil, der das Engagement des einzelnen fördert**

Immer mehr Unternehmen erkennen, daß sie in der Zeit der immer weiter fortschreitenden Spezialisierung einen Führungsstil verwirklichen müssen, der das Engagement des einzelnen fördert. Das Idealbild des gehorsamen Mitarbeiters verschwindet allmählich. Statt dessen ist der Mitarbeiter gefragt, der selbstsicher im Umgang mit Kollegen und Vorgesetzten sich für die eigene Arbeitsaufgabe engagiert. Ohne Vertrauen in das menschliche Potential ist ein solcher Führungsstil nicht möglich.

**Die ersten Vorbilder, aus deren Handeln NLP entwickelt wurde**

**Die positive Einstellung zum Potential des Gegenüber ist die Basis für jede exzellente Kommunikation.** Viele der Methoden und Techniken des NLP stellen die konkrete Umsetzung dieser Haltung in praktisches Handeln dar. Die ersten Vorbilder (Perls, Erickson, Satir), aus deren Handeln NLP entwickelt wurde, verkörperten dieses Vertrauen in hervorragendem Maße. Sie lebten es vor, indem sie es ständig im Umgang mit anderen verwirklichten.

Um die Bedeutung dieses Faktors, der allzu häufig noch unterschätzt wird, zu unterstreichen, sei an einige grundlegende psychologische Experimente erinnert.

**Eine Reihe aufsehenerregender Versuche**

Vor über 30 Jahren hat der amerikanische Wissenschaftler Rosenthal eine Reihe aufsehenerregender Versuche durchgeführt (1). Ein einfaches Experiment stand zu Beginn: 60 Ratten sollten lernen, möglichst schnell durch ein Labyrinth zu laufen. Am Ende des Labyrinths wartete dann Futter auf die hungrigen Ratten. Psychologiestudenten waren die Leiter des Experiments, die die Ratten während der Dauer der Versuchsreihe betreuten, sie in das Labyrinth setzten, sie wieder herausnahmen und die Messungen durchführten. Jeder Student betreute fünf Ratten.
Die Besonderheit des Experiments war, daß der Hälfte der Studenten erzählt wurde, sie hätten besonders dumme Ratten zu trainieren, und der anderen Hälfte, sie hätten besonders kluge Ratten. Beide Gruppen hatten aber die gleichen

Ratten zum Testen.

**Ein kleines Wunder**

Es wirkt wie ein kleines Wunder, daß die angeblich dümmeren Ratten tatsächlich langsamer und die angeblich schlauen Ratten tatsächlich schneller gelernt hatten!

Wie läßt sich das erklären, wenn wir einmal Magie und Gedankenübertragung als Möglichkeiten außer acht lassen wollen?

Vier Bedingungen müssen erfüllt gewesen sein:

**Die dummen Ratten sind eher unsympathisch**

1. Die Information, dumme bzw. schlaue Ratten zu haben, muß sich auf die Einstellung der Studenten ihren Ratten gegenüber ausgewirkt haben. Auf Befragen der Studenten stellte sich heraus, daß ihnen die dummen Ratten eher unsympathisch ("warum gerade ich mit den Dummen?!"), die schlauen dagegen eher sympathisch waren.

**Die feinen Verhaltensunterschiede**

2. Diese Einstellung hat sich in der Art, wie ein Student seine Ratte behandelte, wie er mit ihr sprach, wie er sie anfaßte, wie er auf ihre Ergebnisse reagierte, ausgedrückt. Diese feinen Verhaltensunterschiede waren den Studenten nicht klar, sondern sie gingen davon aus, daß sie sich völlig neutral und objektiv verhielten.

3. Die Ratten haben diese Informationen wahrgenommen und aufgenommen. (Jeder, der einen Hund oder eine Katze hat, weiß, wie feinfühlig Tiere sind.)

**Die Reaktion auf Zuneigung und Abneigung**

4. Die Ratten haben auf diese Wahrnehmungen entsprechend reagiert. Sie blieben also nicht einfach gleichgültig, litten vielleicht still vor sich hin oder freuten sich, sondern sie reagierten in Richtung der Zuneigung oder Abneigung. Sympathie spornte sie an und ermutigte sie,

Antipathie verlangsamte und entmutigte sie.

Der Gedanke lag nahe, zu untersuchen, ob das, was für Ratten gilt, auch auf Menschen übertragbar ist.

**Ein neuartiger Intelligenztest**

Das nächste Experiment wurde folgendermaßen aufgebaut: Kinder einer ersten Schulklasse wurden getestet. Ihren Lehrern erzählte man, es sei ein neuartiger Intelligenztest, der zutreffende Voraussagen über verborgene Intelligenz machen würde. 20 % der Kinder wurden beliebig herausgesucht und den Lehrern erzählt, sie seien die besonders klugen Kinder und bei ihnen sei ein besonders hoher Lernzuwachs zu erwarten. Nach einem Jahr wurden die Kinder erneut mit einem objektiven Intelligenztest gemessen und folgendes - was vielleicht jetzt gar nicht mehr so überraschend ist - war geschehen: Die (angeblich) klugen Kinder hatten tatsächlich einen weit größeren Lernzuwachs als alle anderen Kinder dieser Klasse.

**Ein Lehrer geht mit einem klugen Kind anders um**

Wenn wir versuchen, diese Ergebnisse zu erklären, mag das leichter fallen als bei den Ratten. Denn der Lehrer geht mit einem angeblich klugen Kind anders um als mit dem Durchschnitt. Er schenkt ihm mehr Aufmerksamkeit, jeder Lernzuwachs wird begrüßt, weil er seine Erwartungen bestätigt. Der Lehrer ermutigt und lobt das Kind, freut sich mit ihm über die Erfolge. Wenn das Kind Fehler begeht, fragt er sich, ob möglicherweise er selbst mitursächlich war, und er wird geduldig noch einmal den Lernstoff erklären, um dem Kind Mut zu machen.

**Neue Erfahrungen bauen immer auf alten auf**

Ein Zusatz-Experiment zeigt, wie neue Erfahrungen immer auf alten aufbauen und von ihnen beeinflußt werden. Das gleiche Experiment wurde statt mit Kindern der ersten Klasse mit Kin-

**Der Lernzuwachs ist bei 'angeblich' klugen Kindern größer**

dern der dritten Klasse durchgeführt. Das Ergebnis: Auch hier war der Lernzuwachs bei den angeblich klugen Kindern größer als beim Durchschnitt. Allerdings war der Lernzuwachs nicht vergleichbar hoch wie bei den Erstkläßlern.

**Keine Vorstellung von den eigenen Fähigkeiten**

Die Erklärung: Die Erstkläßler waren noch "ungeprägt" von der Schule. Sie hatten keine Vorstellung von ihren eigenen Fähigkeiten und keine Einstellung (Selbstbild) sich selbst und ihrer eigenen Intelligenz gegenüber. Deshalb konnten die ermutigenden Einflüsse sie direkt erreichen, sie waren offen. Nach 3 Jahren Schule sah das anders aus. Die Kinder hatten genau Vorstellungen von ihren Fähigkeiten entwickelt. Sie hatten eine Einstellung gegenüber der Schule und den Lehrern gefunden. Sie gingen entweder freudig oder lustlos zur Schule, weil sie jetzt wußten: "Ich bin ein guter/ein schlechter Schüler."

**Ein ganzer Berg bisheriger Erfahrungen war auszuräumen**

Die positive Einstellung ihrer Lehrer brauchte daher mehr Zeit und Kraft, um zu wirken. Die Erfolge kamen nicht so groß und nicht so schnell, weil erst einmal ein ganzer Berg bisheriger Erfahrungen auszuräumen war.

## Die Wirkung einer positiven und negativen Einstellung auf die Mitarbeiter

Was bedeuten diese Experimente für die Führungskraft?

Auch die Mitarbeiter werden unbewußt in Richtung der Einstellung der Führungskraft reagieren. Führungskräfte mit einer positiven Einstellung werden ihre Mitarbeiter dahingehend beeinflussen, daß sie gut sind. Führungskräfte mit einer negativen Haltung werden ebenfalls ihre Mitarbeiter beeinflussen, nur in eine ungünstige Richtung.

Nehmen wir zwei Beispiele von Abteilungsleitern mit unterschiedlichen Einstellungen.

*Chef Rosner hält viel von seinen Mitarbeitern. Deshalb überläßt er ihnen gern Freiräume, fragt sie um ihre Meinung und ermuntert sie zu Verbesserungsvorschlägen. Ihren Anregungen steht er offen gegenüber. Tauchen Schwierigkeiten auf, unterstützt und ermutigt er sie. Seine Mitarbeiter sind gern an ihrem Arbeitsplatz, und in seiner Abteilung herrscht ein gutes Arbeitsklima. Die Leistungen und auch der persönliche Einsatz sind überdurchschnittlich.*

**Tauchen Schwierigkeiten auf, unterstützt und ermutigt er seine Mitarbeiter**

Chef Krämer hingegen hält wenig von "Vertrauen", denn: Kontrolle ist besser! Ihm ist es vor allem wichtig, den Überblick zu bewahren und das Geschehen in der Hand zu behalten. Immer wieder hat er Angst, womöglich von einem Mitarbeiter "ausgetrickst" zu werden. Nur ungern delegiert er Aufgaben, und auch dann ist er sehr kritisch mit den Resultaten. Der Freiraum für selbstverantwortliches Arbeiten ist so klein wie unbedingt nötig. Seine Mitarbeiter beschränken sich auf den notwendigen Einsatz in dem kleinen, ihnen eingeräumten Spielraum. Das Interesse für den Gesamtablauf haben sie inzwischen verloren. Deshalb kommt es immer wieder zu Pannen, weil jeder über seinen Bereich wacht und wenig Kontakt mit anderen Abteilungen hält. Der Krankheitsstand bei Krämer ist überdurchschnittlich hoch.

**Nach dem Motto: "Vertrauen ist gut, Kontrolle besser!"**

Jeder dieser beiden Chefs wird sich durch seine eigenen Erfahrungen in seiner Einstellung immer wieder bestätigt sehen. Denn jeder hat eine Reihe Erfahrungen gemacht, die ihm bestätigen, wie richtig und angebracht sein Vorgehen ist. Der

**Jeder hat eine Reihe Erfahrungen gemacht, die ihm bestätigen, wie richtig und angebracht sein Vorgehen ist**

**Sie hintergehen einen, nutzen einen aus und sind unzuverlässig**

mißtrauische Krämer erlebt häufig, wie wenig er sich auf seine Mitarbeiter verlassen kann. Er hat es ja auch schon immer gewußt: Man kann anderen Menschen nicht trauen. Sie hintergehen einen, nutzen einen aus und sind unzuverlässig.
Rosner wird mit seinem Vertrauen genauso recht behalten. Denn seine Erfahrungen mit Menschen zeigen ihm wieder und wieder, wie berechtigt es ist, anderen Menschen etwas zuzutrauen. Sie engagieren sich, sie bringen einen großen Einsatz und sie rechtfertigen Vertrauen durch Taten.

(Unter welchem Vorgesetzten würden übrigens Sie selbst am liebsten arbeiten?)

**Wie stark beeinflußt das eigene Verhalten die Reaktionen der Mitarbeiter?**

Was weder Krämer noch Rosner klar ist: wie stark das eigene Verhalten die Reaktionen der Mitarbeiter beeinflußt. Man stelle sich vor, daß beide Chefs eine Diskussion führen würden, ob für den richtigen Umgang mit Mitarbeitern eher Kontrolle oder eher Vertrauen angebracht sei. Rosner spricht sich für Vertrauen aus, Krämer für Kontrolle. Das Erstaunliche daran ist: **Jeder von ihnen hat nach seinen Erfahrungen recht!**

**Im NLP ist die Haltung, daß Vertrauen in das menschliche Potential gerechtfertigt ist, eine Arbeitshypothese**

Im NLP ist die Haltung, daß Vertrauen in das menschliche Potential gerechtfertigt ist, eine **Arbeitshypothese**. Damit ist gemeint: Die entscheidende Frage ist nicht die, ob der Mensch an sich gut oder schlecht ist, ob Vertrauen berechtigt oder unberechtigt ist, sondern: **Welche Haltung ist nützlicher im Umgang mit Menschen?** Welche Haltung führt eher zur "exzellenten Kommunikation"?
Noch einmal: dieser Grundsatz und die noch folgenden gelten nicht als Wahrheit oder Glaubenssatz, an den jemand fest glauben muß. Es sind lediglich Hypothesen, die sich im Umgang

mit anderen als erfolgreich gezeigt haben. Pragmatisch müssen sie immer wieder für den Einzelfall überprüft werden.

Vertrauen in das menschliche Potential wird von NLP als Grundsatz so formuliert:

**Jeder Mensch hat alle nötigen Fähigkeiten und Erfahrungen, um seine Schwierigkeiten zu bewältigen und gewünschte Veränderungen zu erzielen. In der Kommunikation ist es nützlich, diese Stärken und positiven Seiten eines Menschen zu wecken und zu nutzen.**

**Wie wird Vertrauen in ein Potential umgesetzt?**

Nehmen wir ein kleines Beispiel, wie Vertrauen in das Potential praktisch umgesetzt wird. Ein Mitarbeiter kommt mit einer Frage zu seinem Vorgesetzten. Die normale Reaktion des betroffenen Chefs ist, daß er einen Ratschlag gibt bzw. sich nach Kräften bemüht, einen zu finden. Möglicherweise wird er einige Fragen stellen, um zusätzliche Informationen zu erhalten. Dann wird sein Rat kommen. Möglicherweise trifft der Rat den richtigen Punkt, aber häufig verpuffen solche Schnellschüsse aus der Hüfte, weil einfach doch nicht genug Details über die Situation und die Gefühle der Beteiligten bekannt sind.

**Oft verpuffen Schnellschüsse aus der Hüfte**

*Mitarbeiter Schneider kommt mit angespanntem Gesichtsausdruck auf seinen Chef Roth zu und fragt: "Ich habe mit dem Mitarbeiter X folgendes Problem Y, und weiß nicht weiter. Welchen Rat können Sie mir geben?"*
Roth erinnert sich an den Grundsatz:
Jeder Mensch hat alle nötigen Fähigkeiten und Erfahrungen, um Schwierigkeiten zu bewältigen und gewünschte Veränderungen zu erzielen.

Mit folgenden Fragen kann er die Fähigkeiten des Mitarbeiters wecken und nutzen.

**Vorwissen nutzen**

a.) Das Vorwissen von Schneider nutzt Roth durch die Fragen: "Was ist ***Ihnen*** *denn schon an Lösungsmöglichkeiten eingefallen?" "An was haben* ***Sie*** *denn gedacht?"*

**Positive Erfahrungen aktivieren**

b.) Er könnte positive Erfahrungen von Schneider aktivieren: "Haben Sie schon einmal ein ähnliches Problem gelöst?" "Wie haben Sie es denn damals gemacht?"

**Gedanken in eine konstruktive Richtung**

c.) Oder Roth lenkt die Gedanken von Schneider in eine konstruktive Richtung: "Was wäre denn das Resultat, das Sie sich wünschen?" "Was sind die Voraussetzungen, um das zu erzielen?"

**Abstand zu der Situation gewinnen**

d.) Roth könnte auch helfen, Abstand zu der Situation zu gewinnen: "Welcher Rat von mir würde Ihnen denn am meisten weiterhelfen?" "Welchen Rat würden Sie sich denn selbst geben?"

Mit diesen Fragen weckt Roth das Potential seines Mitarbeiters Schneider und nutzt dessen Wissen und Ideen für die Lösung.

## Die Führungskraft als Fachmann für den Problemlösungs-Prozeß

**Werden Führungskräfte nutzlos ?**

In früheren Zeiten, die gar nicht so lange zurückliegen, waren die meisten Vorgesetzten gewohnt, mit der überlegenen Kraft ihres Fachwissens zu führen. Sie konnten mit ihrem Wissen und ihrer langjährigen Erfahrung den Mitarbeitern konkrete Ratschläge geben, wie Probleme zu lösen waren. Heute sind sie oft verunsichert, wie sie mit Mitarbeitern umgehen können, die ihnen in ihrem Fachgebiet weit überlegen sind. Irgendwie fühlen sie sich bei diesen Mitarbeitern als Führungskraft nutzlos.

**Weg vom Inhalt der Probleme hin zum Lösungs-Prozeß**

**Neue Möglichkeiten der Führung erschließen sich ihnen, wenn sie weg vom Inhalt der Probleme hin zum Lösungs-Prozeß gehen.** Mit Fragen wie oben gehen sie einen entscheidenden Schritt in eine neue Dimension.

**Welches sind die Strukturen, die zu zufriedenstellenden Lösungen führen?**

Mit NLP richten wir den Blick weg von den Inhalten. Inhalte gibt es so viele und so unterschiedliche, wie es unterschiedliche Lebenssituationen gibt. Es klingt vermessen, wenn jemand sich zutraute, als Außenstehender für diese unterschiedlichen Situationen schnell die passende Lösung parat zu haben. Statt dessen ist es sinnvoll, herauszufinden, was die Strukturen sind, die zu zufriedenstellenden Lösungen führen. Diese Strukturen sind unabhängig vom jeweiligen Inhalt. Das zeigt das obige Beispiel der Reaktion auf die Bitte um Rat. Es sind Fragen, die den Betreffenden dahin führen, eine befriedigende Lösung zu finden. Das funktioniert deshalb, weil es Fragen sind, die den Lösungs-**Prozeß** vorantreiben. Mit diesen Fragen können Sie als Führungskraft reagieren, ganz gleich, welches spezielle Problem der Fragesteller hat.

**Ohne Know-how helfen**

Das bedeutet, daß Sie zum Beispiel nicht das Know-how des Computerfachmanns brauchen, um ihm bei Schwierigkeiten zu helfen. Sie können als Führungskraft, **ohne** das Fachwissen eines Ihrer Spezialisten zu haben, diesen dabei unterstützen, Lösungen auf seinem Fachgebiet zu finden.

## Mit Fehlern konstruktiv umgehen

Am stärksten zeigt sich das Vertrauen in das menschliche Potential beim Umgang mit Fehlern und Schwächen.

**Die herkömmliche Art, mit Fehlern und Schwächen umzugehen**

Die herkömmliche Art, mit Fehlern und Schwächen umzugehen, besteht darin, das offensichtlich störende Verhalten zu unterdrücken. Der Vorgesetzte ermahnt einen Mitarbeiter mit einem solchen Verhalten und redet ihm gut zu, sich doch anders zu verhalten. Häufig wird das als Angriff erlebt, und der Betroffene macht "dicht". Aber selbst im besten Fall wird das Resultat nicht immer erreicht. Der Betreffende faßt gute Vorsätze, sich zu ändern. Mit den Vorsätzen setzt er die eigene Kraft ein, um das neue Verhalten zu verwirklichen und das alte auszumerzen. Er bindet die eigene Kraft und das eigene Potential im **Kampf mit sich selbst**. Eine innere Spannung und Spaltung muß ständig aufrechterhalten bleiben. Denn ohne innere Anstrengung würde sich das störende Verhalten sofort wieder durchsetzen - was dann auch immer wieder geschieht.

**Wesentlich für den ganzheitlichen Ansatz ist, alle Teile der Persönlichkeit zu schätzen**

Wesentlich für den ganzheitlichen Ansatz ist der Weg, alle Teile der Persönlichkeit zu schätzen und zu integrieren. Das unterscheidet sich stark von anderen Richtungen, in denen "positive" und "negative" Seiten der Persönlichkeit unterschieden werden. Sogenannte Fehler werden von NLP vorurteilslos betrachtet. In jedem dieser Fehler steckt ein Stück von uns, das wertvoll ist, eine Kraft oder Fähigkeit, die in anderen Situationen von Nutzen sein kann. Um ein objektives Bild von den Stärken und Schwächen zu bekommen, ist es wichtig, ein bestimmtes Verhalten in einer bestimmten Situation von den darunterliegenden Fähigkeiten und Qualitäten zu trennen.

*Der neue Auszubildende Schulze geht allen in der Abteilung mit seinem respektlosen Gehabe auf die Nerven. Er scheint alles besser zu wissen und stört ständig den Abteilungsfrieden mit vorlauten Fragen. Besonders mit Sachbearbeiter Rudig legt er sich immer wieder an, so daß der schon gedroht hat, Schulze das nächste Mal hinauszuwerfen. Abteilungsleiter Rau hat vor, ein ernsthaftes Wörtchen mit dem jungen Grünschnabel zu reden!*

**Er scheint alles besser zu wissen**

**...ein ernsthaftes Wörtchen mit dem Grünschnabel reden!**

Wenn Rau sich ein objektives Bild von dem Potential Schulzes machen will, dann ist es für ihn wichtig, sich vom oberflächlichen Ärger zu lösen und statt dessen in die Tiefe zu gehen mit der Frage: Welche Qualitäten stecken im Verhalten von Schulze?
Was er findet, sind Engagement, Vertrauen zum eigenen Urteil, Selbstsicherheit. Wenn Rau Schulze ermahnen will, weniger anzuecken, ist es wichtig, daß er erst einmal die Qualitäten von Schulze anerkennt und würdigt. Erst im nächsten Schritt ist es sinnvoll, Schulze das Angebot zu machen, für manche Situationen dazuzulernen - ohne daß Schulze sich grundsätzlich ändern muß!

**Engagement, Vertrauen, Selbstsicherheit**

Dieser Wahrheit trägt folgender Grundsatz Rechnung:

**Die meisten Menschen sind bereit dazuzulernen, wenn jemand ihnen zeigt, daß neues Wissen und Verhalten sie reicher macht. Fast alle leisten aber offen oder versteckt Widerstand, wenn sie sich verändern "sollen".**

**Neues Wissen und Verhalten macht reicher**

Entgegen einer weit verbreiteten Auffassung trägt nämlich Druck nicht dazu bei, andere und sich selbst zu besserem Handeln zu führen. Denn wirklich "ein anderer" werden möchte im tiefsten Inneren keiner von uns. Das zeigen die vielen guten Vorsätze, die ins Leere laufen. Aber zu dem ehrlichen Angebot dazuzulernen, um sein Leben flexibler und erfolgreicher zu gestalten, sagen die meisten gerne "ja".

**Wirklich "ein anderer" werden möchte im tiefsten Inneren keiner von uns**

*Rau hat sich mit dem Verhalten von Schulze eingehend auseinandergesetzt und bittet ihn zu einem Gespräch.*

**Die Qualitäten**

*Als erstes erkennt er die Qualitäten von Schulze an: "Herr Schulze, mir imponiert sehr Ihr Engagement und Ihr Einsatz. Sie hinterfragen die Routine in der Abteilung und sind kreativ in Ihren Ideen. Leute mit solchen Fähigkeiten können wir gebrauchen." Schulze, der einen Rüffel erwartet hat, freut sich über die ehrliche Anerkennung.*

**Freude über die ehrliche Anerkennung**

*Im nächsten Schritt trennt Rau die Qualitäten von der bestimmten Situation: "Sie wollen ja gerne etwas in Bewegung bringen. Aber immer klappt das ja nicht so ganz. Wie sehen Sie denn Ihre Erfolge bei Sachbearbeiter Rudig?" Etwas beschämt gesteht Schulze, daß er ständig Krach mit ihm bekommt.*

*Rau fährt fort: "Wenn Sie etwas bewegen wollen, müssen Sie auch in der Kunst, mit Kollegen umzugehen, noch dazulernen. Mit welchem Verhalten könnten Sie denn den Sachbearbeiter Rudig und vielleicht auch andere Kollegen am ehesten überzeugen?"*

**Mit welchem Verhalten könnten Sie vielleicht andere überzeugen ?**

*Schulze überlegt und meint nach einigem Nachdenken, daß er es möglicherweise mit seiner Forschheit etwas übertrieben hat und es ihm sinnvoll scheint, Rudig mehr zuzuhören, seine*

*bisherigen Lösungen anzuerkennen und dann erst einen Vorschlag zu machen.*
*Rau bedankt sich für diese guten Ideen und ermutigt Schulze, das auszuprobieren und, wenn es nicht klappt, zu einem neuen Gespräch zusammenzukommen. Beide gehen höchst zufrieden auseinander, und die Abteilung staunt über die plötzliche Wandlung von Schulze (auch wenn er noch ab und zu einen Rückfall hat).*

**Die Abteilung staunt über die plötzliche Wandlung**

Über diesen Ansatz, das Verhalten von den jeweiligen Qualitäten zu trennen, hinaus hat NLP einen weiteren Ansatz entwickelt:
Fehler haben wir entwickelt, weil sie uns in einem größeren Zusammenhang nützen und schützen.

Diese Haltung kristallisiert sich in folgendem Grundsatz:

**Jedes Verhalten hat eine positive Absicht für die betreffende Person oder Gruppe.**
**Das gilt auch für Verhalten, das jemand bei sich und anderen als "Fehler" bezeichnet. Es ist sinnvoller, die verborgene Absicht herauszufinden und mit anderen Mitteln zu befriedigen - anstatt den "Fehler" ausmerzen oder den Störenfried beseitigen zu wollen.**

**Jedes Verhalten hat eine positive Absicht**

Manchmal hat jemand sich auch so an ein früher nützliches Verhalten gewöhnt, daß er es weiter anwendet, obwohl es ihm nichts mehr nutzt. Das Verhalten kann sogar objektiv schädlich für ihn sein. Dennoch ist es wichtig, die ursprünglich dahinter verborgene positive Absicht zu entdecken.

**Es ist wichtig, die ursprünglich verborgene positive Absicht zu entdecken**

Dieser wichtige Grundsatz stößt zunächst auf Skepsis und Zweifel. Wir alle kennen genügend Beispiele von selbstschädigendem Verhalten, bei dem uns die Suche nach dem positiven Zweck zunächst recht fremd vorkommt.

*Außendienstmann Gross trinkt immer wieder mit Kunden und Freunden einen erheblich über den Durst. Am nächsten Morgen wacht er mit verkatertem Kopf und Magenschmerzen auf, macht sich Vorwürfe und nimmt sich vor, sich das nächste Mal mehr zusammenzunehmen. Inzwischen hat ihn sogar sein Arzt ernsthaft gewarnt - alles ohne Erfolg.*

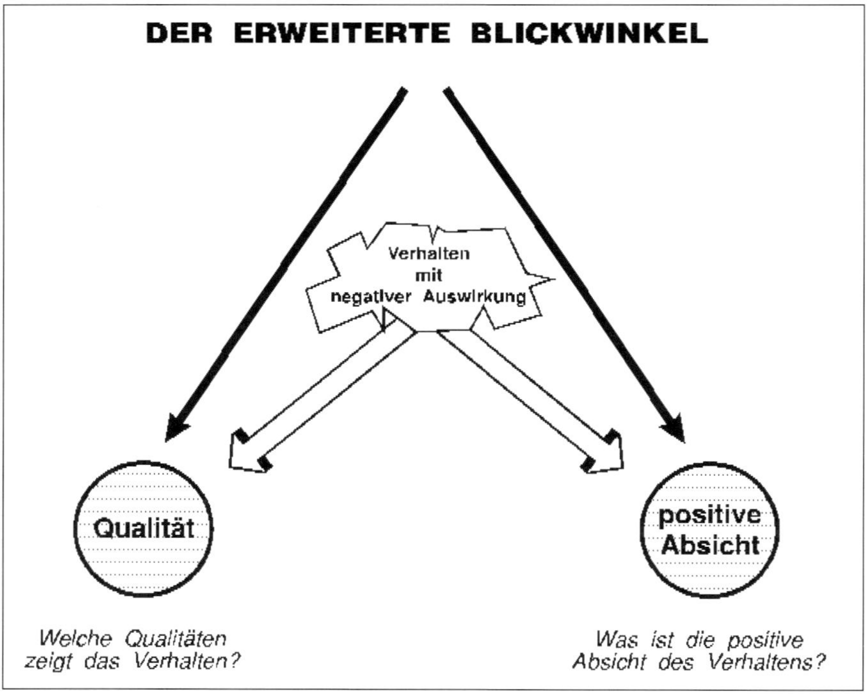


Welchen verborgenen Nutzen hat der übermäßige Alkoholkonsum? Bei genauerem Hinsehen recht einfach: Gross sehnt sich sehr nach Kon-

takt und Unterhaltung, ist aber gleichzeitig recht schüchtern und sogar bei Freunden oft gehemmt. Nach ein paar Gläsern löst sich seine Zunge, er taut auf und wird zusehends sicherer und gesprächiger. Das ist die für ihn positive Absicht des Trinkens.
Solange Gross keine anderen Möglichkeiten gefunden hat, auf andere entspannt zuzugehen, ist der Alkohol für ihn eine notwendige Krücke, um sein Bedürfnis nach Geselligkeit zu stillen - auch wenn es auf Kosten der Gesundheit geschieht.

**Der Alkohol als Krücke**

Derartige Situationen und Muster sind jedem von uns bekannt. Manchmal ist die Suche nach verborgenem Nutzen des schädigenden Verhaltens auch komplizierter.

Frau Rolf ist Unternehmerin und führt ein Modeatelier mit 7 Angestellten. Jeden Morgen, wenn sie aufwacht, überlegt sie sich, was während des Tages alles im Atelier schiefgehen könnte. Das raubt ihr den morgendlichen Anfangsschwung und deprimiert sie für den ganzen Tag. Dennoch beginnt sie fast zwanghaft jeden Tag von neuem auf diese Weise. Die Idee, daß dahinter eine positive Absicht stecken könnte, weist sie weit von sich.

**Jeden Morgen überlegt sie sich, was während des Tages alles schiefgehen könnte**

Im Coaching wird ihr klar, daß sie schrecklich Angst vor Fehlern hat und davor, von sich enttäuscht zu sein. Ihre morgendlichen Überlegungen dienen als Vorbereitung auf unangenehme Überraschungen und als eine Art Schutz. Erst als sie anfängt, von dem übertriebenen Perfektionismus abzugehen und sich auch einen Fehler zuzugestehen, kann sie den Tag positiv beginnen.

**Im Coaching wird ihr klar, daß sie Angst vor Fehlern hat**

Exzellente Kommunikation entsteht dadurch, daß wir dieses Wissen in praktisches Handeln umsetzen. Die Führungskraft löst sich von der herkömmlichen Sichtweise, Fehler zu verurteilen, und setzt ihr erweitertes Verständnis zum Nutzen des Betreffenden und des Unternehmens ein.

**Das erweiterte Verständnis zum Nutzen des Unternehmens**

*Abteilungsleiter Weinig hat fast unüberbrückbare Schwierigkeiten mit Ingenieur Maier. Ständig eckt dieser an. Gerade in den Teamsitzungen provoziert er fruchtlose und erbitterte Diskussionen. Dabei weiß Weinig, daß Maier selbst unzufrieden mit sich ist. Irgendwie schafft Maier es trotz aller guten Vorsätze aber nicht, seinen Mund zu halten. Weinig stört die Sturheit von Maier, und er versucht immer wieder, ihm contra zu geben - ohne Erfolg.*

Nach einem Seminar fängt Weinig an, sich mehr mit dieser Eigenschaft von Maier auseinanderzusetzen. Was könnte die im "Fehler" verborgene positive Absicht sein? Abteilungsleiter Weinig stellt sich angesichts des Verhaltens von Maier folgende zwei Fragen:

**Was könnte die im "Fehler" verborgene positive Absicht sein ?**

1. Welchen *für Maier* *positiven Zweck hat sein kämpferisches Verhalten in den Teamsitzungen?*
2. Was kann er, Weinig, tun, daß Maier auf weniger störende Weise diesen seinen positiven Zweck erreicht?

**Flexibel ist er bereit, seine Hypothesen zu ändern**

Bei der Antwort stützt Weinig sich nicht auf ein Handbuch der psychologischen Motive, sondern er nutzt alle Informationen, Eindrücke, sein ganzes Wissen als Vorgesetzter, um eine mögliche Antwort zu finden. Flexibel ist er dabei bereit, seine Hypothesen jederzeit zu ändern, falls sie sich als falsch erweisen. Weinig kommt zu dem Schluß, daß Maier den Kollegen und ihm als Vorgesetztem zeigen und beweisen will, daß die von ihm gefundenen Lösungen richtig und intelligent sind.

**Einfallsreichtum und Kreativität sind gefordert**

Dann geht Weinig zum nächsten Punkt, bei dem sein Einfallsreichtum und seine Kreativität als Vorgesetzter gefordert sind: Was kann er, Weinig, tun, daß Maier weniger störend (vielleicht sogar fürs Unternehmen nützlich!) beweisen kann, daß er intelligent ist?

Nachdem Weinig verschiedene Lösungen mit Kollegen durchgesprochen hat, überträgt er Maier die Aufgabe, die Teamsitzungen unter Darlegung der verschiedenen Standpunkte vorzubereiten und am Ende eine Zusammenfassung zu geben. Obwohl innerlich vorbereitet, ist Weinig überrascht, wie erfolgreich sein Vorgehen ist. Maier freut sich über die Ehre, strengt sich sehr zu Beginn und am Ende der Sitzungen an - und ist plötzlich während der Sitzungen kooperativ und umgänglich.

**Weinig ist überrascht, wie erfolgreich sein Vorgehen ist**

Bei diesem NLP-Zugang geht es um die ernsthafte Beschäftigung mit den Verhaltensmustern anderer (und den eigenen). Alte Denkmuster und eingeschliffene Verhaltensweisen geraten dadurch in Bewegung. Erst daraus kann neues stimmiges und kongruentes Handeln erwachsen. Wer einfach nur so tut "als ob"- der wird rasch von seiner Umgebung durchschaut, und die Reaktionen sind negativer als auf das vorherige spontane Verhalten. Denn hier wird kein künstliches positives Denken als neue Führungsmasche vorgestellt.

**Alte Denkmuster und eingeschliffene Verhaltensweisen geraten in Bewegung**

Es ist sinnvoll, mit Fehlern anderer zu beginnen, die uns nicht weiter belasten. Denn hier ist jemand eher bereit, eine neue verständnisvollere Perspektive einzunehmen. Anders, wenn es sich um den Intimfeind im Büro handelt, dessen

**Es ist sinnvoll, mit Fehlern anderer zu beginnen**

Verhalten immer wieder rasend macht. Beim Versuch, das neue konstruktive Denkschema auf diesen Menschen anzuwenden, sträubt sich alles in einem.

**Das neue konstruktive Denkschema**

Nach meinen Erfahrungen gibt es drei Barrieren, die es verhindern, die obige Methode auf derartige Gegner anzuwenden.

**Ein Verhalten, das ich selbst bei mir bekämpfe**

Es ist einmal möglich, daß der andere ein Verhalten zeigt, das ich selbst bei mir sehr bekämpfe und unterdrücke. Wenn für jemand Geradlinigkeit und Ehrlichkeit die höchsten Tugenden sind, dann weigert er sich zunächst, jemand zu verstehen, der jedem nach dem Mund redet und hinter dem Rücken Gerüchte verbreitet.

**Die Möglichkeit, daß der andere mir sehr (zu!) ähnlich ist**

Dann gibt es die Möglichkeit, daß der andere mir sehr (zu!) ähnlich ist. Diesen Spiegel halte ich nicht aus, und deswegen kann ich ihn nicht leiden (und will es auch gar nicht).

**Wenn die Wunde noch weh tut**

Der dritte Fall kann sein, daß ich sehr vom anderen verletzt worden bin. Wenn die Wunde noch weh tut, verhindert der Schmerz einen objektiveren Blick.

**Reframing**

Die intelligente und kreative Art, mit Fehlern, Schwächen und Schwierigkeiten umzugehen, ist für den einzelnen sehr entlastend und befreiend. Ein neuer Rahmen wird gesetzt, das bisherige Problem mit anderen Augen anzuschauen. Das passende englische Wort für diesen Ansatz ist **Reframing** (neu rahmen). Der große Druck, sich ändern zu müssen, weil man sich in bestimmten Situationen "falsch" oder "schlecht" verhält, fällt weg. Zunächst wird ja das Wertvolle und Nützliche eines Verhaltens anerkannt, so daß Schuldgefühle überflüssig sind.

## Vertrauen entwickeln

Selbst wenn jemand überzeugt davon ist, daß die konstruktive Haltung mit Vertrauen in das menschliche Potential sinnvoll ist, bleibt die Frage: Wie kann ich eine solche Haltung entwickeln? Was tun, wenn sie mir nicht schon in die Wiege gelegt worden war?

**Wie kann ich eine solche Haltung entwickeln?**

Wirklich reales Vertrauen, das nicht nur vorgespielt wird, entsteht und wächst nur über die eigene Anwendung und Erfahrung. Denn das Entscheidende ist nicht der theoretische Glaube an das Potential im Menschen, sondern die praktische Handhabung in der täglichen Praxis am Arbeitsplatz.

**Gehen Sie kleine Risiken ein**

Das heißt: Probieren Sie es aus! **Gehen Sie kleine überschaubare Risiken ein, indem Sie Mitarbeitern einen Vertrauensvorschuß geben!** Lernen Sie aus diesen Erfahrungen!

Den nachhaltigsten Eindruck gibt die eigene Erfahrung. Am wirksamsten ist es, am eigenen Leib zu erfahren, wie wohltuend es ist, Vertrauen entgegengebracht zu bekommen und Vertrauen in andere gerechtfertigt zu finden.

Geschäftsführer Meusert entschließt sich zum Coaching mit NLP, weil er jedesmal Herzklopfen und Schweißausbrüche bekommt, wenn er zum Aufsichtsrat gerufen wird.
Nachdem er das Ziel, ruhig und sicher aufzutreten, genau beschrieben hat, unterstützt ihn der Trainer auf seiner Suche nach Ressourcen: “Erinnern Sie sich an eine Situation, in der Sie ganz und gar sicher und ruhig waren. Eine von den ganz seltenen Ausnahmesituationen, die aber jeder Mensch ab und zu erlebt. Erleben Sie die Situation noch einmal, als wäre sie jetzt gegen-

**Der Trainer unterstützt auf seiner Suche nach Ressourcen**

wärtig, und nehmen Sie die gleiche Körperhaltung ein."

Der Trainer beobachtet genau die kleinen Veränderungen, die jetzt bei Meusert geschehen, im Blick, in der Haltung, im Gang, beim Atmen. In dem Moment, als Meusert sich ganz sicher und ruhig fühlt, läßt er die Schultern sinken und atmet tief aus. Diese Bewegung wiederholt er nun bewußt mehrmals und beobachtet die positive Wirkung, die sie auf ihn hat.

**Blick, Haltung, und Gang**

Im nächsten Schritt stellt er sich die nächste Begegnung mit dem Aufsichtsrat vor, und bei dieser Vorstellung läßt er die Schultern sinken und atmet tief aus. Die Sicherheit und Ruhe aus der Bewegung fließt plötzlich in die belastende Situation. Er kommt in Kontakt mit seinen Ressourcen und findet anschließend in der Phantasie erfolgreich neue Möglichkeiten, in Zukunft sicherer aufzutreten. Diese Bewegung wird ihm auch dann immer helfen, wenn er in ähnliche Situationen kommt. Er kann sich sozusagen am eigenen Schopf aus dem Sumpf ziehen.

**Er kann sich sozusagen am eigenen Schopf aus dem Sumpf ziehen**

Meusert hat so erlebt, daß er genügend Kraft und Sicherheit in sich hat, um einer bisher belastenden Situation gewachsen zu sein. Er hat gelernt, seine Ressourcen in der kritischen Situation zur Verfügung zu haben. Dadurch nimmt er sich selbst als kraftvoll wahr und hat auch in Zukunft mehr Vertrauen zu sich.

**Größeres Vertrauen in sich selbst**

Mit dem größeren Vertrauen in sich selbst ist es leicht, auch anderen mehr zuzutrauen. Wer anfängt, sich selbst gegenüber positiver zu verhalten, dem fällt der Schritt leicht, auch das Verhalten von Mitarbeitern in anderem Licht zu sehen. Neue Sichtweisen werden zu einer anregenden kreativen Aufgabe und nicht zum anstrengenden Versuch, aus der Distanz "Motivationstechniken" zu lernen und einzusetzen.

NLP hat eine Reihe von praktischen Ansatzpunkten, um das Vertrauen "technisch praktizierbar" zu machen. Denn häufig steckt eine gewisse Hilflosigkeit dahinter, wenn von dem Potential der Mitarbeiter und Seminarteilnehmer kein Gebrauch gemacht wird. Wenn Sie sich beispielsweise eine gewisse Fragetechnik aneignen, die Sie anwenden, wenn Sie um Rat gefragt werden, oder wenn Sie systematisch den Reframing-Ansatz üben, werden Sie sehr schnell erkennen, welche positiven Erfahrungen Sie damit machen.

**Das Vertrauen "technisch praktizierbar" zu machen**

**Eine gewisse Fragetechnik aneignen**

Jetzt mag es den einen oder anderen Leser geben, der an dieser Stelle Zweifel hat. Interessant wird es, wenn wir, statt zu argumentieren, das Reframing für diesen Zweifel ausprobieren.

**Das Reframing für diesen Zweifel ausprobieren**

*Hören wir Manager Brückner, der sagt: "Vertrauen ist ja schön und gut. Wichtig ist aber doch vor allem, daß die Arbeit ordentlich erledigt wird, und dazu ist Kontrolle nötig. Wenn man zu viel aus den Händen gibt, wird man nur enttäuscht. Ich bin lieber vorsichtig und bleibe bei meinen bisherigen Methoden. So etwas ist vielleicht nützlich für Psychologen, aber nichts für Praktiker wie mich!"*

**Ich bin lieber vorsichtig und bleibe bei meinen bisherigen Methoden**

Lesen wir diese Sätze aufmerksam, fällt die Vorsicht von Brückner auf. Die erste Überlegung ist: Welche positive Absicht steckt hinter dieser Vorsicht? Denn wenn jemand vorsichtig ist, dann mit gutem Grund. Brückner will sich schützen. Vielleicht hat er irgendwann schlechte Erfahrungen gemacht und ist von Mitarbeitern enttäuscht worden. Solche Enttäuschungen sind schmerzhaft, und der Wunsch, nicht wieder enttäuscht zu werden, ist sehr gesund.

**Brückner will sich schützen**

**In der Vorsicht und dem Mißtrauen stecken auch Qualitäten**

In der Vorsicht und dem Mißtrauen stecken auch wichtige Qualitäten. Da ist eine hohe Aufmerksamkeit nach außen und viel Wachheit. Dazu kommt eine große Sensibilität und ein starker Kontakt mit den eigenen Gefühlen. Mitmenschen, die gefährlich werden könnten, werden ganz schnell erkannt.

**Es ist bedeutsam, Fähigkeiten anzuerkennen und zu schätzen**

Es ist bedeutsam, diese Fähigkeiten bei Brückner anzuerkennen und zu schätzen. Man stelle sich vor, er besäße diese Qualitäten nicht, sondern wäre statt dessen unsensibel, blindgläubig, dumm und lebensfremd.

Wenn Brückner den Wert dieser hohen Sensibilität (Ich benutzte jetzt bewußt nicht mehr ein negativ besetztes Wort wie "Mißtrauen", sondern ein neutrales oder positiv besetztes wie "Sensibilität"!) vor sich selbst anerkennen kann, kann er den nächsten Schritt gehen: In welchen Situationen ist Vorsicht vielleicht nicht die unbedingt günstigste Reaktion? Wann hat die Kontrolle sogar schon geschadet? In welchen Bereichen wäre es sinnvoll, den Mitarbeitern, den Kollegen und Vorgesetzten einen Vertrauensvorschuß zu geben?

**Wann hat die Kontrolle sogar schon geschadet?**

Es wird für Brückner ein Vorschuß sein, weil er ein gewisses Risiko damit eingeht. Wer lernen will, mehr Vertrauen ins menschliche Potential zu setzen, muß ausprobieren. Natürlich ist es möglich, daß Vertrauen auch einmal enttäuscht wird. Sinnvoll wird es sein, aus dieser speziellen Erfahrung zu lernen, ohne in ein grundsätzliches Mißtrauen zurückzufallen. Auf der anderen Seite wird mit jeder positiven Erfahrung ein begründetes Vertrauen wachsen. Nicht als blinder Glaube in ein abstraktes "Vertrauen", sondern als eigene lebensnahe Erfahrung.

**Wer lernen will, muß ausprobieren**

**Die eigene Erfahrung mit der positiven Grundhaltung bringt wichtige Prozesse in Gang**

Die eigene Erfahrung mit der positiven Grundhaltung bringt wichtige Prozesse in Gang. Das begründete Vertrauen in sich und die Mitarbeiter wächst. Denn es ist möglich und sinnvoll, anders - und zwar positiver - mit sich selbst und mit bislang "schwierigen" Mitarbeitern umzugehen. Schrittweise lassen sich so neue Einstellungen aufbauen. Die positive Grundhaltung kann im Unternehmen entscheidende Kraftreserven bei Führungskräften und Mitarbeitern nutzen helfen.

## Zum Vertiefen:

Ausführlich möchte ich die Möglichkeiten, die Ihnen das systematische Vorgehen bietet, anhand eines Arbeitsbogens zum Reframing zeigen, den Sie hier durcharbeiten können. Dieser Fragenkatalog wurde gemeinsam mit den Trainern eines norddeutschen Großunternehmens entwickelt und in der Führungskräfte-Schulung verwendet.

1. Notieren Sie in einigen Stichworten das störende Verhalten eines anderen (Kollege, Mitarbeiter, Vorgesetzter), mit dem Sie manchmal Schwierigkeiten haben.

2. Beschreiben Sie das Verhalten des anderen konkret und ohne Wertung:
   Was genau hören Sie (Inhalt, Stimme, Lautstärke, Tonfall)?
   Was genau sehen Sie (Gestik, Mimik, Haltung)?

3. Beschreiben Sie in einigen Stichworten Ihre bisherige Reaktion auf das störende Verhalten des anderen.

4. Schauen Sie sich das störende Verhalten des anderen an:
   - Was könnten die Gründe dafür sein?
   - Was möchte er bewußt oder unbewußt Positives für sich erreichen?

5. Können Sie sich so weit in den anderen hineinversetzen, daß Sie sein Verhalten nachvollziehen können?
   - Wenn ja: Was ist ihm wichtig, und wodurch läßt er sein Verhalten beeinflussen?
   - Wenn nein: Was ist Ihre Barriere?

6. Was können <u>Sie</u> tun, daß der andere seine für ihn positive Absicht auf andere Weise erreicht und auch Sie dabei zufrieden sind?

## Literatur

(1) Rosenthal R., Der Pygmalion-Effekt lebt, in Psychologie heute, Juni 1975, S. 18 ff.

## 2. Zielorientierung statt Problemorientierung

**Zielorientierung ist der beste Weg, um effektiv zu kommunizieren**

Zielorientierung ist der beste Weg, um effektiv zu kommunizieren. Der sinnvollste Einsatz der Kräfte geht dahin, konzentriert ein Ziel anzustreben. Wenn ich weiß, wie das gewünschte Ergebnis, der gewünschte Zustand aussieht, kann ich meine Kräfte ökonomisch in Richtung dahin einsetzen.
Deshalb legt derjenige, der erfolgreich ist im Umgang mit anderen, das Schwergewicht seiner Aufmerksamkeit nicht auf das Problem und seine vielschichtigen Ursachen, sondern auf das gewünschte Ziel.

Im Führungsalltag findet sich viel häufiger das Gegenteil: die Orientierung auf Probleme hin. Die Aufmerksamkeit und der Haupteinsatz aller Kräfte gilt der Anstrengung, Probleme abzustellen und Schwierigkeiten zu beseitigen. Jeder kennt die gestreßte Führungskraft, die an allen Ecken und Enden in unermüdlichem Einsatz dabei ist, zu reparieren, Fehler abzustellen und Probleme auszubügeln. Wenige erkennen, wie viele Kräfte auf diese Art und Weise verpuffen, wie nutzlos das ständige Reparieren und Flickwerk häufig ist.

**Wie nutzlos das ständige Reparieren und Flickwerk ist**

Die Zielorientierung ist gleichzeitig eine Zukunftsorientierung. Zu oft fixieren wir uns auf die Erinnerungen aus der Vergangenheit, statt dahin zu schauen, wo wir hin wollen. Das gängige Beispiel ist der Umgang mit Situationen aus der Vergangenheit, in denen wir uns geärgert haben. Was bei der Erinnerung geschieht: Der Körper erinnert sich ebenfalls und produziert die gleichen Ärgersymptome. Der Blutdruck steigt, der Pulsschlag erhöht sich, und die Muskeln spannen sich an. Dieser Zustand ist weder besonders angenehm noch nutzbringend.

**Zu oft fixieren wir uns auf die Erinnerungen aus der Vergangenheit**

Ärger ist lediglich ein Ausdruck der Energie, die durch einen schlimmen Vorfall ausgelöst wurde. Die gleiche Energie können wir verwenden, um Konsequenzen aus dem Geschehenen für die Zukunft zu ziehen. Konkret sieht das so aus, daß ich mich frage: Was kann ich tun, daß eine ähnliche Situation nicht wieder eintrifft? Erstaunlicherweise verschwindet mit diesen Gedanken der Ärger aus der Vergangenheit, statt dessen werden Kräfte wach und Ideen für die Zukunft freigesetzt.

**Was kann ich tun, daß eine ähnliche Situation nicht wieder eintrifft?**

*In der Baufirma von Herrn Reger wurde ein wichtiger Termin versäumt, möglicherweise kommen Schadenersatzansprüche auf ihn zu. Noch tagelang geht ihm das Versäumnis im Kopf herum, und jedesmal regt es ihn enorm auf, und er fängt innerlich an zu schimpfen. Dieser Ärger schadet seinem Magen und verklingt jedes Mal nur sehr langsam. Reger fühlt sich angespannt und blockiert.*

**Er beschließt nun, sich auf sein Ziel hin zu orientieren**

*Er beschließt nun, sich auf sein Ziel hin zu orientieren. Das Ziel in der Zukunft kann nur sein: Ein derartiger Vorfall darf sich nicht noch einmal wiederholen!*

*Reger verwendet jetzt zunächst seine Energie, um zu analysieren, was die Ursachen des Versäumnisses waren. Im nächsten Schritt tut er nach besten Kräften alles, damit in Zukunft jeder Termin eingehalten wird. Er beschließt, den betrieblichen Ablauf, nach dem bisher neue Aufträge erledigt wurden, zu ändern. Nach einem Gespräch mit den Betroffenen baut er als zusätzliche Sicherheiten ein wöchentliches Informations-Meeting ein. Danach fühlt er sich gut und weiß, daß er das Beste aus dem Vorfall gemacht hat.*

**Danach fühlt er sich gut und weiß, daß er das Beste aus dem Vorfall gemacht hat.**

Kurz gefaßt läßt sich diese Grundhaltung ausdrücken:

**Nicht ärgern, sondern ändern!**

**NLP unterscheidet grundsätzlich zwei verschiedene Zustände**

Steigen wir noch ein Stück tiefer in die Strukturen von Lösungen ein! NLP unterscheidet grundsätzlich zwei verschiedene Zustände, zwischen denen jeder von uns hin und her geht.

In dem einen Zustand schöpfen wir unser ganzes Potential aus. Alle unsere Fähigkeiten und Kräfte stehen uns aktuell zur Verfügung. Wir befinden uns im Besitz unserer **Ressourcen**. Geistig sind wir klar und können Ideen entwickeln. Gefühlsmäßig fühlen wir uns in einem Hochzu-

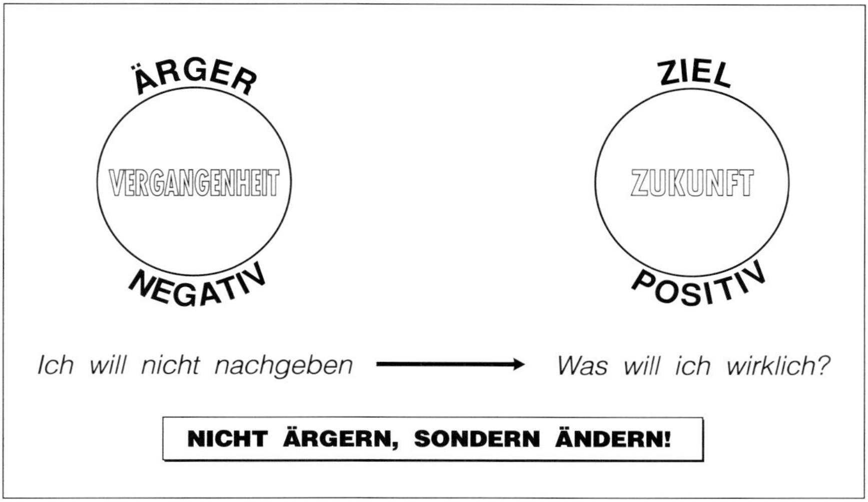


stand. Körperlich sind wir entspannt und gleichzeitig voller Tatkraft.

Der andere Zustand ist das Gegenteil. Wir sind abgeschnitten von unseren Kräften und erleben uns in einer Sackgasse. Problemen stehen wir hilflos gegenüber. Geistig sind wir unklar oder ständig auf einen bestimmten Gedanken fixiert. Gefühlsmäßig fühlen wir uns überfordert, niedergeschlagen oder hilflos. Körperlich sind wir unter Druck, angespannt und/oder kraftlos. Wir sind im Zustand des **Blocks**.

**Wir sind abgeschnitten von unseren Kräften und erleben uns in einer Sackgasse**

**Wir sind im Zustand des Blocks**

Jeder von uns kennt die zwei Extremzustände. Im Alltag befinden wir uns dem einen Pol oder dem anderen Pol näher. Die Schwierigkeit ist, daß wir nicht einfach willentlich von einem Zustand in den anderen wechseln können. Selbst wenn wir wollen, erleben wir, daß sich eine innere Barriere dem entgegenstellt.

**eine innere Barriere**

**Die eigenen Ressourcen zu wecken**

Der Ansatz des NLP ist es, die eigenen Ressourcen zu wecken und wieder in den blockierten Zustand hineinzubringen. Dadurch löst sich der Block auf. Aus diesem Prinzip heraus wurde eine Fülle von Techniken entwickelt.

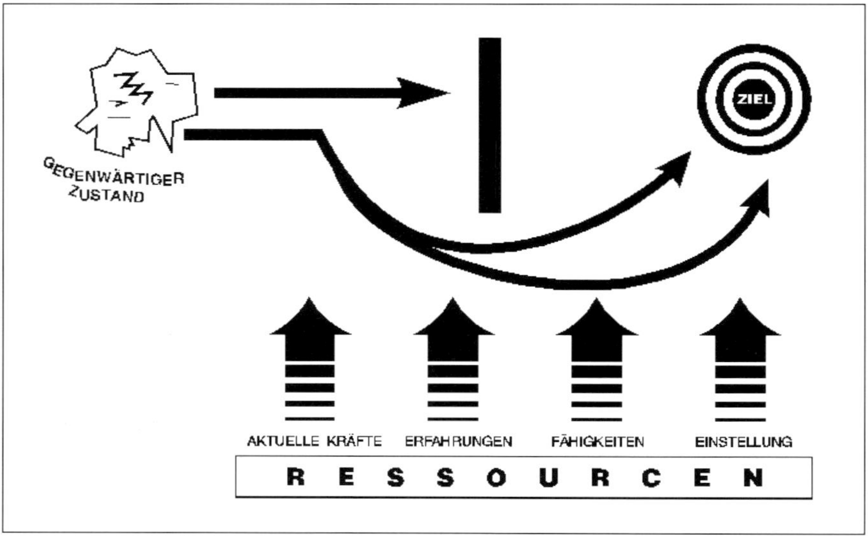


**Instinktiv nutzt das jeder**

Gleichzeitig ist das ein Prinzip, das jeder gezielt im Umgang mit seinen Mitmenschen anwenden kann. Instinktiv nutzt das jeder von uns, wenn er bei einem mißmutigen Gesprächspartner ein Thema anspricht, das dem anderen angenehm ist, zum Beispiel das Hobby, den Urlaub oder die Familie. Schlagartig hellt sich die Miene des anderen auf. Er taut auf und wird umgänglicher. Aus dem blockierten Zustand gelangt er in den Zustand seiner Ressourcen.

**Aus dem blockierten Zustand gelangt er in den Zustand seiner Ressourcen**

Häufig fehlt im Alltag die klare, konkrete Vorstellung von dem, was das gewünschte Ziel ist. Zu selten fragt sich die Führungskraft: Wie sieht

**konkret** das optimale Arbeitsklima in dem Bereich aus, für den ich verantwortlich bin? Oder der Trainer überlegt sich kaum: Wie sieht die für mich optimale Seminarsituation aus?

Der sogenannte **Zielrahmen** des NLP enthält für derartige Situationen alle Bedingungen, wie ein Ziel formuliert sein muß, damit es erreichbar ist. Arbeiten wir ihn anhand des Beispiels von Herrn Breitner durch.

*Herr Breitner beklagt sich darüber, daß ihn sein Kollege Herr Ring schon mehrmals hinter seinem Rücken zu Unrecht beim gemeinsamen Vorgesetzten angeschwärzt hat. Inzwischen bekommt Breitner schon Magenschmerzen, wenn er Ring in der Ferne sieht.*

**Was wollen Sie erreichen?**

Die erste Frage an Herrn Breitner lautet: **Was wollen Sie erreichen?** Dabei muß die Antwort mehrere Bedingungen erfüllen: Sie muß **konkret** sein, **positiv formuliert** sein (ohne sprachliche Verneinung) und das Ziel muß **in der eigenen Kontrolle** stehen.

**Die Antwort muß konkret sein, positiv formuliert und das Ziel in der eigenen Kontrolle stehen**

*Breitner antwortet: "Ich möchte, daß mein Kollege Ring mich in Zukunft nicht mehr schlechtmacht."*

Dieses Ziel ist aber nicht positiv formuliert! Breitner müßte sich überlegen, welches Verhalten er **statt dessen** gern von Ring sehen möchte. Aber außerdem ist eine weitere Bedingung nicht erfüllt. Das Ziel steht nicht in der Kontrolle von Breitner. Es hängt nämlich ganz und gar von Ring ab, ob er weiterhin Lügen erzählt oder nicht. Breitner hat keine direkte Macht darüber. Breitner braucht **als Ziel ein eigenes Verhalten, das ihn zufriedenstellt**, auch dann, wenn Ring weiter bei seinem Verhalten bleibt.

**Breitner hat keine direkte Macht darüber**

*Breitner überlegt. Was er sich bisher nicht getraut hat, war, Ring zur Rede zu stellen. "Dem Schleimer mal ordentlich die Meinung sagen, das wäre richtig." Ja, findet er, das wäre ein Zielverhalten, das ihn selbst zufriedenstellen würde.*

**Es ist nicht sinnvoll, für eine kurzfristige Befriedigung langfristige Nachteile zu haben.**

Allerdings ist beim Zielverhalten zu überlegen, ob man auf Dauer mit diesem Verhalten ein befriedigendes Ergebnis erzielt. Denn es ist nicht sinnvoll, für eine kurzfristige Befriedigung langfristige Nachteile zu haben.

*Breitner stellt fest, daß es vielleicht sinnvoller ist, zunächst in einem sachlichen Ton ein klärendes Gespräch mit Ring zu führen. Denn damit läßt er von seiner Seite aus den Streit nicht eskalieren. Er hat zwar etwas Angst davor, aber er findet, daß das ein lohnendes Zielverhalten ist, das ihn auch langfristig zufriedenstellt.*

**Was sind Eigenschaften und Fähigkeiten, die zur Zielerreichung notwendig sind?**

Dann kommt die wichtige nächste Frage an Breitner: **Was brauchen Sie dazu, um dahin zu kommen?** Was sind die Mittel, die Sie einsetzen müssen? Was sind Eigenschaften und Fähigkeiten, die zur Zielerreichung notwendig sind?

*Breitner stellt fest, was er als äußeren Rahmen braucht. Beide brauchen Zeit und dürfen nicht im Streß sein. Außerdem findet er, daß er Mut für das Gespräch braucht.*

**Woran erkennen Sie, daß Sie den richtigen Rahmen und auch Mut genug haben?**

In einer Coaching-Sitzung oder in einem Seminar käme jetzt als nächste Frage an Breitner: **Woran merken Sie, daß Sie das Ziel erreicht haben?** Woran erkennen Sie, daß Sie den richtigen Rahmen und auch Mut genug haben? Was sehen Sie? Wie hört sich Ihre Stimme an? Was spüren Sie? Und schließlich würde Breitner gebeten, die Situation einmal darzustellen und vorzuführen, um wirklich sicher zu sein, daß er mit dem Zielverhalten zufrieden ist.

**Breitner schlüpft in seine Zielvorstellungen hinein**

Damit schlüpft Breitner in seine Zielvorstellungen hinein. Denn Ziele, die nur aus abstrakten Begriffen ohne Fleisch und Blut bestehen, oder Ziele, die vor unserem inneren Auge ein weites Stück in der Ferne liegen, haben keine oder nur geringe Wirkung auf unseren Alltag.

**Unser Gehirn kann bei intensiven inneren Bildern nicht unterscheiden**

Die Wirkung ist verblüffend. Unser Gehirn kann bei intensiven inneren Bildern nicht unterscheiden, ob es eine Realität aus der Vergangenheit oder ein Zukunftsbild ist. Wenn wir in das Bild hineinschlüpfen, wird es für uns wahr.

**Wir erhalten eine ganz intensive Vorstellung von der Richtung**

Das heißt: wir tun so, als ob wir das Ziel schon erreicht hätten. Das klingt im ersten Augenblick unsinnig, denn es ist ja Wesen des Ziels, daß wir es noch nicht erreicht haben. Wer es praktisch ausprobiert, wird aber über die Wirkung staunen. **Wir gewinnen Kraft, und wir erhalten eine ganz intensive Vorstellung von der Richtung, in die wir uns bewegen wollen.** Das Zielbild wird wie eine Art Fixstern, der uns in Zukunft vor Augen steht und uns die Richtung gibt. Statt daß wir uns stoßen und drücken müssen, um den Weg zu unserem Ziel zu gehen, zieht uns das Ziel von ganz allein zu sich hin.

**Was müssen Sie mit diesem Ziel aufgeben?**

Schließlich kommt die letzte Frage an Breitner: **Was ist das Risiko?** Was müssen Sie mit diesem Ziel aufgeben? Wollen Sie unter diesen Voraussetzungen das Ziel überhaupt noch erreichen?

*Breitner bemerkt, daß er im direkten Kontakt mit Ring mit einem sachlichen Gespräch eigentlich nichts zu verlieren hat. Denn der Kontakt ist schon schlecht genug. Aber er muß seine Passivität und ein wenig Feigheit aufgeben. Aber das ist ihm das Ziel wert, stellt er fest.*

**Jedes Ziel hat seinen Preis**

Jedes Ziel hat seinen Preis. Manchmal müssen wir eindeutig etwas dafür aufgeben, manchmal ist es auch nur ein Risiko, das wir eingehen müssen. Die Frage nach dem Preis ist eine der wichtigsten, wenn wir uns mit Zielen auseinandersetzen. Denn häufig klammern wir den Preis aus und verhindern damit, daß wir alle Kräfte für unser Ziel mobilisieren.
Vielleicht zeigt ein anderes Beispiel diese Problematik genauer:

Hauptabteilungsleiter Baum sucht in einem Seminar nach Wegen, den Streß am überfüllten Schreibtisch abzubauen.

**Wie soll sein neues Verhalten konkret aussehen?**

Herr Baum arbeitet zunächst den Zielrahmen durch. Er muß Fragen beantworten, wie sein neues Verhalten konkret aussehen soll, das er statt des bisherigen Stresses will. Er fängt an, begeistert auszumalen, wie er am Schreibtisch, auf dem nur ein Projekt liegt, entspannt und zielgerichtet arbeitet.

**Was verliert oder riskiert er, wenn er das gewünschte neue Verhalten praktiziert?**

Einen wichtigen Anstoß erhält er durch die Frage, was er denn verlieren oder riskieren wird, wenn er das gewünschte neue Verhalten praktiziert. Baum stellt fest, daß ihm das Image des "Machers" in seiner Firma sehr wichtig ist. Je mehr Arbeit er sich auflädt, desto stärker wird er geschätzt und geachtet - so vermutet er zumindest! Will er sein Ziel, entspannter nur das wirklich Wesentliche zu bearbeiten, erreichen, muß er sein bisheriges Image riskieren. Ohne einen einzigen inhaltlichen Ratschlag erhalten zu haben, entscheidet sich Baum durch die vorgegebenen Fragen für einen neuen Weg. Er ent-

schließt sich dazu, daß ihm seine eigene Gesundheit in Zukunft wichtiger als die vermutete Bewunderung der Kollegen und Vorgesetzten ist.
In einem Nachgespräch berichtet er 3 Monate später, daß er sein Arbeitsverhalten in wichtigen Punkten umgestellt hat, weiter am Streßabbau arbeitet und erstaunlicherweise mit seinen Kollegen besser als vorher zurechtkommt.

**Zum Vertiefen:**

Nehmen Sie ein Problem, das Sie im Umgang mit anderen haben, und beantworten Sie folgende Fragen:

1. Was will ich?
2. Wann möchte ich es?
3. Wie weiß ich, daß ich es erreicht habe?
4. Wenn ich bekomme, was ich will, was noch wird sich in meinem Leben verändern?
5. Welche Mittel habe ich zur Verfügung, die mir helfen können, mein Ziel zu erreichen?
6. Wie kann ich am besten diese Mittel nutzen?
7. Was könnte der erste Schritt sein, um das zu erreichen, was ich will?

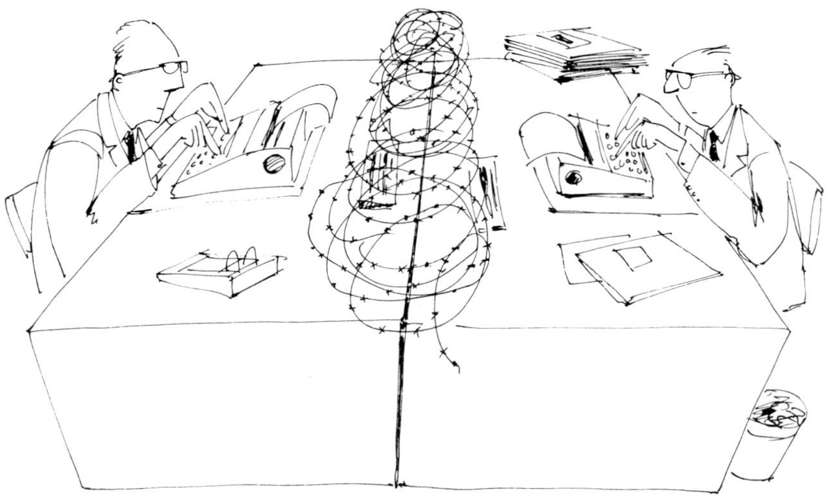

## 3. Verantwortung für das Ergebnis

**Jeder von uns beeinflußt ständig seine Mitmenschen**

Jeder von uns beeinflußt ständig seine Mitmenschen, die um ihn herum sind. Ganz gleich, ob wir sprechen oder schweigen, ob wir kommandieren oder bemüht sind, still in den Hintergrund zu treten, stets steuern wir andere mit in bestimmte Richtungen. Wie Watzlawick es ausdrückt: "Es ist unmöglich, nicht zu kommunizieren."

**Wir alle suchen ständig, Einfluß auf unsere Mitmenschen zu nehmen**

Wir alle suchen bewußt oder unbewußt ständig, Einfluß auf unsere Umwelt und unsere Mitmenschen zu nehmen - mit mehr oder weniger großem Erfolg. Der Werksleiter strengt sich an, ein gutes Betriebsklima zu schaffen. Der Abteilungsleiter will den Teamgeist fördern und neue Mitarbeiter ermutigen. Der Autohändler will sein neuestes Modell verkaufen, und der potentielle Kunde will einen möglichst hohen Rabatt herausschlagen. Der Verkaufstrainer möchte, daß seine Teilnehmer neue Anregungen mitnehmen und umsetzen. Der Ehemann will erreichen, daß seine Frau auf ihn eingeht und seine Bedürfnisse erfüllt, und das gleiche will umgekehrt seine Frau.

Denn nicht jeder erzielt das Ergebnis, das er will. Eine entscheidende Grundhaltung, um dauerhaft Erfolg im Umgang mit anderen zu haben, besteht darin, Verantwortung für das Ergebnis zu übernehmen. Das heißt: Ich selbst sehe mich als verantwortlich und ursächlich für das Ergebnis. Also ganz gleich, ob es sich um das schlechte Abteilungsklima handelt oder um die drohende Scheidung - ich selbst sehe mich als Ursache für das Resultat oder richtiger noch: Ich selbst sehe mich als Ursache dafür, daß kein anderes Ergebnis herausgekommen ist. Denn ich hätte in jedem Fall den Prozeß in eine andere Richtung beeinflussen können.

**Verantwortung für das Ergebnis zu übernehmen**

**Ich selbst sehe mich als Ursache für das Resultat**

Auch hierbei geht es wieder nicht darum, ob diese Annahme "richtig" oder "falsch" ist. Statt dessen geht es darum, daß die "verantwortliche" Haltung die wirksamste Einstellung ist, um zur Exzellenz in Kommunikation zu gelangen!

**"Richtig" oder "Falsch"**

Leicht fällt es uns bei erfreulichen Resultaten, die Verantwortung für das Ergebnis zu übernehmen. Da sind die Verhandlungen zu einem erfolgreichen Abschluß gekommen. Ganz selbstverständlich sind wir stolz auf uns und auf unser geschicktes Vorgehen.

**Leicht fällt es bei erfreulichen Resultaten, die Verantwortung zu übernehmen**

Anders dagegen, wenn die Gespräche nicht zu dem gewünschten Ergebnis geführt haben, sondern fehlgeschlagen sind und "wegen unüberbrückbarer Divergenzen" abgebrochen wurden. In diesem Fall ahmen wir unsere Politiker nach und suchen (und finden) Ursachen, die nichts mit uns zu tun haben. Da war vielleicht der interne Druck auf unseren Verhandlungspartner zu groß, oder die Situation war schon von Anfang an zu verfahren ... oder ... oder ...

**... oder ... oder ...**

Mit der gleichen Einstellung treten wir oft Mitarbeitern oder anderen Gesprächspartnern gegenüber. Leicht fällt es uns, mit jemand umzugehen, dem wir uns verwandt fühlen oder/und der uns sympathisch ist. Wenn wir hier unsere Ziele im Kontakt erreichen, zum Beispiel erfolgreich ein gemeinsames Projekt zu bearbeiten, sind wir stolz auf uns.

**Leicht fällt es uns, mit jemand umzugehen, dem wir uns verwandt fühlen oder/ und der uns sympathisch ist**

Anders bei jemandem, dessen Verhalten uns fremd oder unsympathisch ist. Da haben wir einen einfachen Trick gefunden, der uns davor schützt, unser eigenes Verhalten und unsere eigene Person miteinzubeziehen: Wir richten eine Reihe von Schubladen ein, in die wir den anderen einordnen. Einige dieser Schubladen sind: Der andere ist dumm und unfähig, er ist stur, oder er will einfach nicht, er ist verrückt.

**Eine Reihe von Schubladen**

Damit machen wir es uns einfach, denn jetzt sind nicht mehr wir für das Ergebnis verantwortlich, sondern die anderen. Wir sehen die Ursache bei ihnen liegen - und nicht bei uns! Es klappt nicht, denn: "In der Abteilung herrscht ein subtiler Konkurrenzkampf", "Die Seminarteilnehmer haben keine Lust und sind müde", "Mein Partner ist so aufbrausend". Damit machen wir uns zum Opfer der Umstände, erleben uns als passiv und den Zufälligkeiten ausgeliefert. Gleichzeitig brauchen wir uns nicht zu ändern oder unsere eigenen Reaktionen und Aktionen zu überprüfen - denn es sind ja die anderen, die sich verändern müßten! Bei ihnen sehen wir die Ursache. Sie üben den entscheidenden Einfluß aus.

**Damit machen wir uns zum Opfer der Umstände**

So erlebe ich zu Beginn eines Seminars zum Thema "Mitarbeiter motivieren", daß Teilnehmer erst einmal die Verantwortung für die Motivation ihrer Mitarbeiter ablehnen. Auf die Frage: "Was könnten Sie tun, um Ihre Mitarbeiter mehr zu motivieren?", kommt die Antwort: "Bei uns kann man nichts machen. Die sind einfach so, wie sie sind (meist unwillig). Da läßt sich nichts ändern." Die Führungskräfte erleben sich dabei als eher passiv und ohne Einfluß auf das Arbeitsklima.

**... erst einmal die Verantwortung für die Motivation ihrer Mitarbeiter ablehnen**

**Die Führungskräfte erleben sich dabei als eher passiv und ohne Einfluß auf das Arbeitsklima.**

*Stelle ich dann die nächste Frage: "Was könnten Sie tun, um Ihre Mitarbeiter noch unmotivierter, noch verdrossener zu machen?", fallen den Teilnehmern dann sofort eine Menge Möglichkeiten ein, zum Beispiel ungerecht sein, unhöflich sein, bissig sein, nicht zuhören, noch mehr kontrollieren usw. usw.*

*Was durch diese Antworten gleichzeitig geschieht, ist die Einsicht bei den Antwortern, daß sie ja wohl eine ganze Menge Einfluß haben. Denn wenn sie die Atmosphäre in eine negative Richtung beeinflussen können, dann müßte es doch (mit dem gegenteiligen Verhalten) auch in eine positive Richtung möglich sein!*

**Wenn sie die Atmosphäre in eine negative Richtung beeinflussen können, dann ...**

Wie Watzlawick gezeigt hat (1), ist uns unser eigener Einfluß und unsere eigene Beteiligung oft deshalb nicht klar, weil wir den anderen als ursächlich für unsere Reaktion ansehen. Damit lassen wir uns in festen Reaktionsmustern fangen.

**Feste Reaktionsmuster**

Betrachten wir das anhand eines einfachen Beispiels aus der Praxis:

*Heinrich A. und Bertram B. sind Arbeitskollegen und arbeiten im gleichen Büro sehr gut zusammen. Heute morgen allerdings kommt A schlecht ausgeschlafen und etwas übelgelaunt im Büro an. Und statt des üblichen freundlichen "Guten Morgen!" zu B knurrt er nur etwas Undefinierbares. B sitzt nun seinerseits mit leichten Kopfschmerzen von der gestrigen Geburtstagsfeier am Schreibtisch und ärgert sich über die Unfreundlichkeit. Deshalb fragt er, als er hinaus zum Kaffeeautomaten geht, nicht wie üblich den A, ob er ihm eine Tasse Kaffee mitbringen soll. A registriert das mißgelaunt und zahlt es dem B mit einer bissigen Bemerkung heim. B wird sauer, zieht ein grimmiges Gesicht und hält verbissen den Mund. Als A dann zum Kopieren geht, macht er daraufhin nicht wie üblich eine Zweitkopie für B mit. Als er wieder ins Zimmer kommt, murmelt B. ein halblautes Schimpfwort.*

**... ärgert sich über die Unfreundlichkeit**

An dieser Stelle können wir einhalten, weil jeder von uns genügend Beispiele kennt, wie sich die Geschichte weiter entwickelt. Die kleine Auseinandersetzung kann immer weiter eskalieren, und schließlich sitzen sich zwei grimmige Todfeinde gegenüber am Schreibtisch.

**Die kleine Auseinandersetzung kann immer weiter eskalieren**

Für unser Thema ist das Beispiel deshalb interessant, weil jeder der beiden Beteiligten sich selbst nicht als ursächlich erlebt, sondern nur als jemand, der (angemessen!) reagiert. Der andere ist der aktiv Handelnde. Fragt man also den A: "Warum haben Sie keine Zweitkopie für B gemacht?", antwortet er: "Weil B mir keinen Kaffee mitgebracht hat." Fragt man den B: "Warum haben Sie keinen Kaffee mitgenommen?", antwortet dieser seinerseits: "Weil A so patzig war."

**Jeder der beiden Beteiligten erlebt sich selbst nicht als ursächlich**

Man kann das durch ein einfaches Schema verdeutlichen (2):

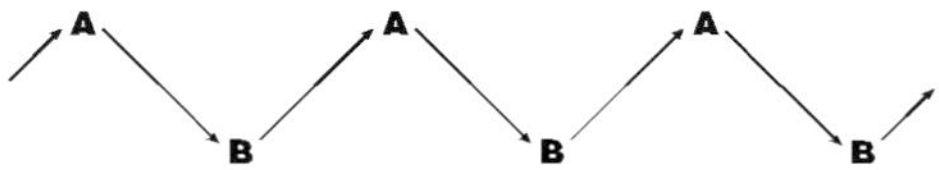


Beispiele für diesen Ablauf von Aktion - Reaktion finden sich überall. Jeder hat von seinem Blickwinkel aus recht. Natürlich sieht er keinen Grund, warum gerade er einen ersten Schritt tun sollte, um das Verhältnis wieder zu verbessern, denn er wird ja ständig provoziert.

**Jeder hat von seinem Blickwinkel aus recht**

*In der Forschungsabteilung lassen Einsatz und Engagement des Chemikers A immer mehr nach. Sein Vorgesetzter Herr B wird allmählich immer unwilliger und schroffer, wenn er mit A über neue Projekte spricht. Fragt man A, was denn los ist, sagt er: "Ich habe die Nase voll. Jahrelang schafft man sich ab, ohne daß man Anerkennung erhält. Mir reicht es." Fragt man B, warum A denn keine Anerkennung erhält, poltert der nur los: "Anerkennung?! Daß ich nicht lache. Der soll erst einmal wieder etwas leisten. Einen zwischen die Hörner braucht der."*

**"Ich habe die Nase voll. Jahrelang schafft man sich ab, ohne daß man Anerkennung erhält. Mir reicht es."**

Auch hier ist wieder obiges Schema anwendbar. A sieht die Ursache für seinen nachlassenden Arbeitseinsatz darin, daß B ihn nicht anerkennt. Er will sich nicht ändern, solange B ihn weiter ohne Anerkennung behandelt. Genau umgekehrt sieht B die Situation. Er sieht die unterdurchschnittlichen Leistungen von A und wird immer schroffer in seinem Ton.

Jeder sieht die Ursache im anderen und erlebt sich als derjenige, der angemessen reagiert. Keiner will sich deshalb ändern und vielleicht einen neuen Schritt tun.

**Was geschieht, wenn die Führungskraft nicht die Verantwortung für das Ergebnis übernimmt?**

Dies mag als negatives Beispiel dienen, was geschieht, wenn die Führungskraft **nicht** die Verantwortung für das Ergebnis übernimmt und in der Sackgasse steckenbleibt.

Verantwortung übernehmen heißt, sich selbst als ursächlich für das Ergebnis ansehen. Der Vorgesetzte A. mit dem unwilligen Mitarbeiter B. wird sich also überlegen, wie **er** durch sein Verhalten die Reaktionen des B. miterzeugt, und anfangen, mit Alternativen zu experimentieren.

**Mit Alternativen experimentieren**

Klar ist den meisten Vorgesetzten, daß Anerkennung sehr wichtig ist (auch wenn sie es nicht immer praktizieren). Wenn sie anerkennen, dann gehen sie nach der Frage vor: Wer hat Anerkennung am meisten **verdient**? Das bedeutet, daß derjenige mit der besten Leistung automatisch anerkannt wird.

**Wer braucht Anerkennung am meisten?**

Viel interessanter ist jedoch die Frage: Wer **braucht** Anerkennung am meisten? Vielleicht gibt es ja Mitarbeiter, deren Leistung sogar unterdurchschnittlich ist, die aber trotzdem Anerkennung als Ermutigung bräuchten, damit sie aus ihrer frustrierenden Situation herauskommen. Wenn der Vorgesetzte den Mitarbeiter anerkennt, dann handelt er aktiv, durchbricht alte Muster und erzeugt neue Reaktionen.

**Auch in der Partnerschaft schleichen sich solche Muster**

Auch in der Partnerschaft schleichen sich solche Muster ein, wenn zum Beispiel A gern mehr über die Beziehungen und Gefühle reden möchte, B das aber schnell zuviel wird. A sieht sich genötigt, noch intensiver nachzubohren, weil B so unwillig ist. B zieht sich noch mehr zurück, weil A so drängt und nervt. Beide erleben sich nicht als verantwortlich für die Aktion des anderen, sondern nur als reagierend. Keiner erkennt, wie seine Reaktion den anderen wieder erneut beeinflußt und anstachelt. Schnell wird das zum Teufelskreis.

Ein NLP-Grundsatz betont die Verantwortung des Handelnden noch mehr:

> **Jedes Verhalten des Gegenüber ist ein Feed-back für das eigene Verhalten. Wenn Sie vom Gegenüber eine andere Reaktion bekommen als die, die Sie wünschen, ist die Erklärung nutzlos, daß der andere "nicht will".**
> **Sein Verhalten ist ein Hinweis darauf, daß Sie flexibel und kreativ neue Möglichkeiten suchen müssen, sich selbst anders zu verhalten.**

**Ungeahnte Kräfte und Ideen werden wach**

Wieder sei daran erinnert, daß es bei diesem Grundsatz nicht um "wahr" oder "falsch" geht, sondern um "nützlich" oder "unnütz". Ungeahnte Kräfte und Ideen werden wach, wenn Sie diesen Satz ernst nehmen. Denn plötzlich erleben Sie sich als die Ursache der Reaktionen des Gegenüber. Der eigene Einsatz wird voll und ganz gefordert. Hindernisse werden zur ständigen Quelle von neuem Handeln, denn Experimentierfreude wird wach, wenn unerwartete Reaktionen auftauchen.

**Es gibt keine Fehlschläge mehr**

Gleichzeitig gibt es keine Fehlschläge und kein Scheitern mehr, sondern nur noch erwünschte und unerwünschte Reaktionen, die von mir beeinflußt werden können. Statt bei einer unerwünschten Reaktion aufzugeben und sich schlechtzufühlen, richtet sich die Aufmerksamkeit ganz auf den Partner, der Handelnde bleibt neugierig und probiert etwas Neues.

*Außendienstmann Roman hat sich im Seminar einen Weg zurechtgelegt, wie er sich besser auf seinen schwierigen Chef Schütz einstellen kann. Er probiert es beim nächsten Gespräch mit*

*Schütz, aber dieser reagiert eher noch abweisender. Roman ist nicht frustriert, sondern versteht das Feedback durch Schütz als "so nicht". Das war also nicht der richtige Ansatz! Jetzt fühlt sich Roman erst recht herausgefordert, beim nächsten Mal eine positive Reaktion zu erreichen. "Das wäre doch gelacht!", sagt Roman zu sich selbst.*

**Aus Rückschlägen lernen, statt enttäuscht aufzugeben**

Mit dieser Einstellung ist der Grundstein gelegt, aus Rückschlägen zu lernen, statt enttäuscht aufzugeben. Neue Verhaltensweisen werden ausprobiert und damit experimentiert. Denn je flexibler jemand ist, desto leichter wird er mit verschiedenartigen Situationen zurechtkommen.

**Zum Vertiefen:**

1. Wo gibt es in Ihrem Umkreis die beschriebenen Reaktionsmuster, daß jeder Beteiligte die Ursache für sein Verhalten nur beim anderen sieht? Wie könnten sie durchbrochen werden?
2. Gibt es jemand, von dem Sie ein bestimmtes Verhalten möchten? Wie müßten Sie sich selbst verhalten, so daß der andere **von ganz allein** und gern das tut, was Sie möchten?

**Literatur**

(1) Watzlawick P., Menschliche Kommunikation: Formen; Störungen; Paradoxien; 7., unveränd. Aufl., Bern, Stuttgart, Wien: Huber 1985, S. 55 ff
(2) Watzlawick aaO., S. 59

## 4. Flexibilität

Im zwischenmenschlichen Bereich gibt es unzählige Arten zu handeln und das Handeln anderer zu beeinflussen. Die Führungskraft heute hat wenig Nutzen von vorgefertigten Patentrezepten für die sich ständig wandelnden Situationen ihres beruflichen Alltags. Solche Rezepte scheitern dann doch immer wieder an den unterschiedlichen Gegebenheiten der jeweiligen Situation.

**Ein Spitzenkönner wird sich nicht auf ein Handbuch mit Rezepten verlassen**

Ein Spitzenkönner in der Kommunikation wird sich nicht auf ein Handbuch mit Rezepten verlassen, sondern sich an der Wirkung orientieren, die sein Verhalten bei anderen hervorruft. Er kann nur dann Verantwortung für das Ergebnis übernehmen, wenn ihm auch alle Möglichkeiten zur Verfügung stehen, es zu beeinflussen. Flexibilität ist dabei der höchste Wert. Wenn wir besser mit anderen Menschen umgehen wollen, müssen wir aus festgefahrenen Mustern herausgehen. Ein NLP-Grundsatz dafür lautet:

**Je mehr Verhaltensmöglichkeiten jemand zur Verfügung hat, desto besser wird er mit jeder Situation und mit jedem Gesprächspartner zurechtkommen.**

**In jedem von uns ruht ein unübersehbares Potential an Verhaltensmöglichkeiten**

In jedem von uns ruht ein unübersehbares Potential an Verhaltensmöglichkeiten. In jeder Situation stehen uns 10, 20, 30 und mehr Möglichkeiten zur Verfügung: Ein Kollege kommt und möchte, daß Sie einen Teil seiner Arbeit übernehmen. Sie können mürrisch, freundlich, unsicher oder barsch Ja sagen. Sie können Nein sagen, einfach nur die Stirn runzeln, schweigen, Ausreden erfinden oder ihm sagen, was Sie von seiner Idee halten. Sie können ärgerlich werden, deprimiert, gestreßt, nervös. Sie können lachen oder sogar weinen. Jedes Verhalten wird eine unterschiedliche Reaktion beim Gegenüber hervorrufen.

**"So bin ich und nicht anders."**

Im grauen Alltag nutzt kaum jemand diese seine Möglichkeiten aus. Normalerweise beschränken wir uns auf ein kleines Set von Verhalten, "das uns entspricht". Eigentlich bedeutet es eher, daß wir uns so an diese paar Reaktionen gewöhnt haben, daß wir fest überzeugt sind: "So bin ich und nicht anders." Der von allen als gutmütig bekannt und ausgenutzte Kollege ist fest davon überzeugt: "Ich kann doch nicht plötzlich einmal auf den Tisch hauen, um mich durchzusetzen, denn das wäre ja nicht mehr ich."

**Eingeschlossen in einen Käfig mit engen Gitterstäben**

Damit haben wir uns selber fest definiert und gleichzeitig eingeschlossen in einen Käfig mit engen Gitterstäben.
Zwar fühlen wir uns mit unseren eingeschränkten Reaktionen sicher, denn die haben wir irgendwann einmal als nützlich gelernt. Seitdem führen wir sie brav und erfolgreich weiter aus. In vielen Situationen ist dieses erprobte Repertoire recht tauglich und nützlich. Deswegen ist es auch gut, daß es uns zur Verfügung steht.

Auf der anderen Seite tauchen immer wieder schwierige Situationen auf, in denen dieses unser Instrumentarium nicht greift.

**Eine der häufigsten Sackgassen**

Eine der häufigsten Sackgassen, in die sich Menschen dann verrennen, ist die: Wenn ein Mittel nicht funktioniert, probieren sie nicht etwas anderes. Statt dessen wenden sie ihr altes Mittel nur noch stärker und kräftiger an (1).

*Abteilungsleiter Schneider stellt fest, daß Sachbearbeiter Lehmann seine Arbeit unsorgfältig ausführt, und ermahnt ihn daraufhin. Lehmann arbeitet daraufhin nicht besser, sondern eher im Gegenteil. Schneider ermahnt etwas barscher ein zweites Mal, als sich nichts ändert. Mit dem Ergebnis, daß Lehmann in der Woche darauf krank geschrieben ist. Schneider nimmt sich vor, "sich Lehmann zur Brust zu nehmen" und noch einmal ein wirklich ernsthaftes Wörtchen mit ihm zu reden.*

**Er kennt ein Mittel, das ihm vertraut ist und ihm bisher meist genutzt hat**

Was hat Schneider gemacht? Er kennt ein Mittel, das ihm vertraut ist und ihm bisher meist genutzt hat, nämlich Ermahnen. Dieses Mittel hat er bei Lehmann eingesetzt. Als es nicht gegriffen hat, hat er das gleiche Mittel noch einmal und dann noch stärker eingesetzt. Natürlich ohne oder mit noch schlimmerem Resultat! Er hat nicht ein einziges Mal etwas Neues probiert, sondern hat hilflos immer das gleiche, nur stärker, eingesetzt.

Das ist etwa so, als ob jemand sehr gut mit Hammer und Bohrer umgehen kann und damit alles Handwerkliche bewältigt. Irgendwann kommt er an eine Aufgabe, wo der Gebrauch einer Zange nützlich wäre. Aber das ist ihm zu neu und unsicher! Lieber schlägt er dreimal so stark wie bisher mit seinem Hammer zu.

**Wir können uns nicht aus alten Denk- und Verhaltensmustern befreien**

Der Grund dafür ist, daß wir uns nicht aus alten Denk- und Verhaltensmustern befreien. Was wir einmal angefangen haben, machen wir hartnäckig weiter. Wenn es nicht klappt, vermuten wir, daß wir uns nicht genug Mühe gegeben und es nicht intensiv genug getan haben. Also probieren wir es wieder. So wiederholen wir dauerhaft Verhalten, das einmal bei einem (oder mehreren) Menschen funktioniert hat. Neue Wege gelten als unkalkulierbares Risiko.

**Jedes Verhalten des Gegenüber ist ein Feedback für das eigene Verhalten**

Es sei hier noch einmal an den wichtigen Grundsatz aus dem letzten Kapitel erinnert: Jedes Verhalten des Gegenüber ist ein Feedback für das eigene Verhalten. Wenn Sie vom Gegenüber eine andere Reaktion bekommen als die, die Sie wünschen, ist die Erklärung nutzlos, daß der andere nicht will.

**Flexibel und kreativ neue Möglichkeiten suchen**

Sein Verhalten ist ein Hinweis darauf, daß Sie flexibel und kreativ neue Möglichkeiten suchen müssen, sich selbst anders zu verhalten. Was heißt das für eine Führungskraft, die es mit einem schwierigen Mitarbeiter zu tun hat? Ganz einfach: Es ist Zeit dafür, dem schwierigen Mitarbeiter gegenüber ein **neues** Verhalten zu zeigen! Denn das, was bisher versucht worden ist, hat offensichtlich nicht funktioniert.

**Sein Repertoire erweitern**

Ein wichtiger Weg zur Flexibilität ist es, sein Repertoire zu erweitern.

*Im Seminar spielen die Teilnehmer in einem Rollenspiel einen festgefahrenen Konflikt. In der nächsten Spielrunde sollen die Teilnehmer einmal ganz und gar verrückt, d. h. unerwartet und sinnlos, handeln. Nachdem die ersten Hemmungen über-*

**Einmal über den eigenen Schatten springen**

*wunden sind, gibt diese Übung neue überraschende Einsichten und macht dabei großen Spaß. Die Teilnehmer erkennen, wie ängstlich sie sonst an ihrem Routineverhalten kleben und wie befreiend es ist, einmal über den eigenen Schatten zu springen.*

**Auch in einer "verrückten" Reaktion steckt ein Potential**

Es geht immer wieder darum, das Potential und die Fähigkeiten zu schätzen, die in jedem Verhalten stecken (auch wenn es in der aktuellen Situation nicht das günstigste sein mag). Auch in einer "verrückten" Reaktion steckt ein Potential, das im Alltag ungenutzt bleibt. In der geschützten Seminaratmosphäre können wir dieses Potential entdecken und den rohen Diamanten schleifen, so daß er in Zukunft eine weitere Bereicherung für unser Verhalten ist.

**"Ihre Methoden wirken nicht!"**

*Nach ihrem ersten Seminar zur Mitarbeiterführung fahren Meister aus dem Straßenbau begeistert nach Hause. Beim Folgeseminar kommen Sie das nächste Mal enttäuscht und frustriert zurück. "Ihre Methoden wirken nicht!", erzählen sie dem Trainer.*
*Folgendes stellt sich heraus: Im ersten Seminar wurde der Schwerpunkt auf neue Wege als Alternative zu dem üblicherweise recht rauhen Ton gelegt. Engagiert machten die Meister mit und hatten das Gefühl, endlich eine angenehmere und harmonischere Art des Umgangs zu entdecken.*
*Sie probierten diese sanfte Art im Unternehmen aus, als das nächste Mal am Freitag Überstunden erforderlich waren, um verderbliches Material noch zu verwerten. Prompt fielen sie mit dem neuen Ton bei ihren Arbeitern auf die Nase. Erst als sie dann wie bisher klar und energisch auftraten, wurde die Notwendigkeit eingesehen.*

*Gleichzeitig waren die Meister von sich selbst und von dem Seminar enttäuscht. Sie hatten erwartet, daß sie mit der neuen Art genauso wie bisher oder sogar besser akzeptiert würden.*

**Ein rigides Verhalten durch ein anderes rigides ersetzen ?**

Die Enttäuschung, die hier aufgetreten ist, kommt daher, daß versäumt wurde, ihnen die Grenzen des neuen Verhaltens deutlich zu machen. Denn das, was in Seminaren geübt wird, ist sinnvollerweise eine Erweiterung und Bereicherung und kein Ersatz für das bisherige Verhalten. Denn sonst wird durch Seminare lediglich ein rigides Verhalten durch ein anderes rigides (hoffentlich nützlicheres) ersetzt. Verpaßt wird aber das viel wichtigere Ziel: die Flexibilität zu erhöhen. **Denn jedes Verhalten ist in einem bestimmten Kontext von Wert und dort auch angebracht!** Stets existieren auch verschiedene Wege für die immer wieder einmaligen Situationen. Deshalb ist die Verengung auf das Entweder - Oder schädlich, weil sie verhindert, flexibel zusätzliche Alternativen zu erdenken und auszuprobieren.

**Die Verengung auf das Entweder - Oder ist schädlich**

Sie können sich das anschaulich machen, indem Sie vor sich im Raum eine gedachte Linie ziehen als Skala für Verhalten von 0 bis 100. 0 soll das Verhalten sein, bei dem wir ganz und gar weich, empfänglich und sanft sind, sozusagen verschmelzen. 100 stellt das andere Extrem dar, hart und aggressiv, reine Gewalt.
In unserem Berufsalltag bewegen wir uns üblicherweise vielleicht gerade in einem Spielraum zwischen 40 und 65. Aber selbst hier nutzen wir nicht alle Möglichkeiten aus, sondern beschränken uns auf ein paar wenige, wie eine bestimmte Art des Umgangs, einen gewissen Ton usw.

**Wir nutzen nicht alle Möglichkeiten**

**Je größer unser Verhaltensspielraum, desto eher sind wir der Situation gewachsen**

Jedoch treten hin und wieder Situationen auf, in denen ein Verhalten von 35 oder 70 angemessen wäre. Je größer unser Verhaltensspielraum ist, desto eher werden wir auch diesen Situationen gewachsen sein. Das heißt: es gibt kein grundsätzlich "richtiges" oder "falsches" Verhalten, sondern jede Handlung muß im Zusammenhang gesehen und beurteilt werden. Entscheidend ist die Wirkung.

**Zum entscheidenden Kriterium wird die eigene Erfahrung**

Dieser pragmatische Ansatz überträgt dem einzelnen viel Freiheit und Verantwortung. Seine Bedeutung läßt sich nicht überschätzen. Denn mit dieser Grundhaltung machen wir uns frei von allen Patentrezepten aus Kommunikations-Kochbüchern. Zum entscheidenden Kriterium wird die eigene Erfahrung. Und Erfahrungen können wir nur gewinnen, wenn wir ausprobieren und experimentieren. Dazu gilt es, die eigenen alten Gleise zu verlassen. Mut ist ein entscheidender Faktor, der auf diesem Weg hilft.

**Zum Vertiefen:**

1. Welche Beispiele von Situationen fallen Ihnen ein, in denen Sie einmal eingefahrene Reaktionsmuster aufgegeben und damit Erfolg gehabt haben?
2. Reagieren Sie morgen in irgendeiner kleinen Alltagssituation anders als gewöhnlich! Beobachten Sie dabei die Reaktion Ihres Gegenüber!
3. Eine Geschichte aus dem Jahr 1334 (2) handelt von der langen Belagerung einer Festung, die ausgehungert werden soll.

Nach einigen Wochen sind die Vorräte in der Burg aufgebraucht. Nur noch ein Ochse und zwei Sack Getreide als letzte Vorräte sind übrig. Bald werden sich die Bürger übergeben müssen. Am nächsten Morgen erleben die Belagerer ein erstaunliches Bild. Unter Trompetengetöse tritt der Bürgermeister auf die Stadtmauer und wirft lachend den geschlachteten, mit Getreide gefüllten Ochsen zu den Feinden. Am späten Nachmittag wird die Belagerung abgebrochen, die Belagerer ziehen weiter.

Zu welcher völlig unerwarteten Aktion in Ihrem beruflichen Alltag regt Sie die Geschichte an?

4. Tiefer einsteigen in dieses Gebiet können Sie mit dem Buch von Wonder/Donovan "Wie flexibel sind Sie? Die Lust an der Veränderung. Warum flexible Menschen erfolgreicher sind!", München, mvg-Verl., 1990

## Literatur

(1) Watzlawik P., Lösungen. Zur Theorie und Praxis menschlichen Wandels; 4. Aufl., Bern, Stuttgart, Wien: Huber 1988, S. 51 ff

(2) Watzlawik aaO., S. 9

## 5. Bereitschaft zum Lernen

**Jeder Mensch ist einzigartig**

Eine der simplen Grundwahrheiten, die aber erst dann voll ihre Bedeutung entfaltet, wenn ich sie ernst nehme, ist: Jeder Mensch ist einzigartig. Diese Einzigartigkeit gilt es immer wieder neu zu entdecken. Deshalb ist eine wesentliche Voraussetzung für Exzellenz in der Kommunikation die Bereitschaft zu ständigem Lernen.

"Lernen" ist als Wort vergiftet, es klingt zu sehr nach Schule, nach Bücherwälzen, nach Anstrengung, nach Pauken und Prüfungen. Mit dieser Art des Lernens kann man vielleicht Professor werden, nicht unbedingt aber besser mit seinen Mitmenschen umgehen. Für die Kommunikation ist eine ganz bestimmte Form des Lernens erforderlich.

**Vorurteilslos und offen an jeden Menschen herantreten**

Bei diesem Lernen geht es weniger um ein bestimmtes Tun, sondern mehr um eine Haltung. Die Haltung besteht darin, vorurteilslos und offen an jeden Menschen heranzutreten und neugierig zu sein, wie gerade dieser Mensch ist. Mit dieser Haltung geschieht "Lernen" von allein. Denn mit dieser Neugier werden ständig neue Erfahrungen gemacht, neue Unterschiede und neue Gemeinsamkeiten entdeckt.

Als wir noch Kinder waren und anfingen, die Welt zu erforschen, haben wir auf diese Weise gelernt. Es geschah ohne Druck, ohne Streß und ohne Anstrengung. Ein Kind, das Laufen lernt, erfährt, daß es auf den Boden fällt, wenn es sein Gewicht zu weit verlagert. So lernt es perfekt den eigenen Spielraum und die eigenen Fähigkeiten kennen. Grenzen werden entdeckt, indem sie ab und zu überschritten werden und es dabei weh tut. Neugier ist die Triebkraft, Erfahrung wird zum Lehrer. "Fehler" sind unter diesem Blickwinkel stets neue Lernerfahrungen und Chancen, sich selbst und sein Wissen weiterzuentwickeln. Ja, im Gegenteil zur üblichen Einstellung sind Fehler sogar ein notwendiger und zu begrüßender Bestandteil des Lernens. Grundlage, um gern Fehler zu machen und um aus den Fehlern zu lernen, ist die Experimentierfreude. Die im vorigen Kapitel ausführlich beschriebene Flexibilität ist dabei die beste Grundhaltung für die eigenen Experimente.

**Grenzen werden entdeckt, indem sie ab und zu überschritten werden**

Am besten spiegelt diese Haltung eine Anekdote über Edison wider, der mehrere Jahre hindurch vergeblich Materialien für seine elektrische Glühbirne testete. Kein Material war tauglich! Nach dem 1000. vergeblichen Versuch wollte ihn ein gutmeinender Freund trösten. "Aber wieso?" reagierte Edison erstaunt. "Ich habe doch eine Menge Erfolge. Ich weiß nämlich jetzt, was alles nicht funktioniert!"

**"Ich habe doch eine Menge Erfolge. Ich weiß nämlich jetzt, was alles nicht funktioniert!"**

Wenn wir die vergangenen Jahrhunderte zurückblicken, können wir feststellen, wieviel Aberglauben von Generation zu Generation weitergegeben worden ist. Einfach dadurch, daß zu wenige an irgendwelchen Glaubenssätzen gezweifelt, sondern sie blind übernommen ha-

**Ein abschreckendes Beispiel bieten viele Bücher zur Körpersprache**

ben. Eine Form dieses schädlichen Lernens stellen Schubladendenken oder das Auswendiglernen von Kommunikationsweisheiten dar. Ein abschreckendes Beispiel bieten hier viele Bücher zur Körpersprache. Es wird so getan, als ob isolierte Gesten und Bewegungen eine eindeutige Bedeutung hätten (Verschränkt jemand die Arme vor der Brust, ist er verschlossen) Die vielfältigen Möglichkeiten der Interpretation, der Blick auf die Gesamtperson werden ausgeschlossen. Wehe dem gutgläubigen Opfer eines derartigen Lehrbuchs, das jetzt voller Überzeugung davon ausgeht, es wisse über den anderen Bescheid. Statt Offenheit wird Verbohrtheit erzielt. Im schlimmsten Fall bildet er sich sogar noch ein, besser als der Betreffende Bescheid zu wissen. Schubladen, an die jemand blind glaubt, machen dumm!

**Schubladen, an die jemand blind glaubt, machen dumm!**

Gerade auf dem Felde der Kommunikation zählt die eigene Praxis mehr als Lehrbücher und Experten. Diese Form des Lernens fordert noch mehr an Eigenschaften und inneren Voraussetzungen. Wer so lernen will, braucht Selbstvertrauen - und erwirbt es gleichzeitig auf diese Weise. Denn wenn jemand sich lösen will von der Meinung anderer, dann muß er anfangen, seinem eigenen Urteil zu vertrauen. Die eigene Erfahrung wird das letzte, entscheidende Kriterium für das, was richtig ist und funktioniert.

**Seinem eigenen Urteil vertrauen**

### Die eigene Wahrnehmung als Quelle

Um aus Situationen mit Menschen lernen zu können, muß ich erkennen, welches Verhalten erfolgreich ist und welches nicht. Das einfachste und wichtigste Mittel hierfür ist, wie NLP immer wieder hervorhebt, eine geschulte und hochentwickelte Wahrnehmung. Denn:

**Je genauer jemand mit allen seinen Sinnen wahrnimmt, desto eher hat er die Möglichkeit, angemessen und erfolgreich auf seine Mitmenschen zu reagieren.**

**Eine Partnerübung aus dem NLP-Training**

Wie scharf Wahrnehmung werden kann, zeigt eine Partnerübung aus einem NLP-Training für Fortgeschrittene: Der eine Partner fragt den anderen einfache Fragen, die mit "Ja" und "Nein" beantwortet werden können. Zum Beispiel: "Sind Sie verheiratet?" "Haben Sie ein Auto?" Während der andere verbal antwortet, achtet der Fragende auf alle körperlichen Reaktionen, die das "Ja" und "Nein" begleiten. Zustimmung und Ablehnung haben in der Mimik des Partners minimale, bei genauem Hinsehen aber deutlich sichtbare Auswirkungen. Sie können bei jedem etwas anders sein, aber jeder hat eine Fülle eindeutiger, individueller Signale. Manche Leute spannen spontan und unbewußt ihre Kiefernmuskeln an, wenn sie Nein meinen, manche werden bei Ja etwas rötlicher im Gesicht usw.

**Zustimmung und Ablehnung haben in der Mimik minimale, aber deutlich sichtbare Auswirkungen**

Sobald in der Übung der Fragende die körperlichen Signale des anderen für "Ja" und "Nein" kennt, antwortet der Partner nicht mehr, sondern die Antwort soll nur über die nonverbalen Reaktionen abgesehen werden. Der Partner sagt nichts - und der andere weiß trotzdem, ob die Antwort auf eine Frage "Ja" oder "Nein" ist. Gedankenlesen wird durch diese Übung plötzlich nicht mehr Hexerei, sondern das Ergebnis aufmerksamen und trainierten Beobachtens.

**Gedankenlesen wird durch diese Übung plötzlich nicht mehr zur Hexerei**

Grundlage für das Eingehen auf den anderen ist also diese verfeinerte Wahrnehmung. Mit der

**Die geschulte Wahrnehmung wird für jede Führungskraft von enormer Bedeutung**

geschulten Wahrnehmung wird eine Fähigkeit hervorgehoben, die für jede Führungskraft von enormer Bedeutung ist.

Bei einer Diskussion mit dem Vorgesetzten runzelt dieser bei einem Argument des Mitarbeiters die Stirn. Der unaufmerksame oder ungeübte Mitarbeiter wird in seiner, manchmal sogar vorher gelernten Argumentation einfach weiterfahren. Der aufmerksame Mitarbeiter reagiert anders. Je nach seinem Vorwissen über den Vorgesetzten wird er auf andere Argumente übergehen, oder er wird nachfragen, oder er wird noch genauer erklären, was er gemeint hat.

**Je nachdem, welche Reaktion beobachtet wird, ist unterschiedliches Vorgehen angebracht**

Im Seminar macht der Trainer einem Teilnehmer einen bestimmten Vorschlag. Wie reagiert dieser darauf, wenn er das hört? Lacht er verlegen? Verspannt er sich? Oder atmet er tief und erleichtert aus? Je nachdem, welche Reaktion beobachtet wird, ist unterschiedliches Vorgehen angebracht. Vielleicht braucht der Teilnehmer noch Zeit zum Verdauen. Vielleicht ist es wichtig, ihm den gleichen Inhalt in Worten wiederzugeben, die seinem Verständnis entsprechen.

Abteilungsleiter Pohlmann findet die Leistungen seines Sachbearbeiters Schramm hervorragend. Als Anerkennung teilt er Schramm mit, daß dieser in Zukunft sein eigenes kleines Büro erhält. Pohlmann nimmt dabei wahr, daß Schramm zunächst die Stirn runzelt, dann zur Seite schaut und sich schließlich mit leiser Stimme bedankt.
Aufgrund seiner Beobachtungen fragt Pohlmann nach und bekommt schließlich heraus, daß Schramm sich bei seinen Kollegen sehr wohl fühlt, aber Angst hat, die Anerkennung auszuschlagen. Schramm ist recht erleichtert, als

Pohlmann ihn daraufhin gern weiter an seinem alten Arbeitsplatz läßt.

Nur wer genau das Verhalten des Gegenüber beobachtet und auf seine Worte und deren Tonfall hört, kann sofort die Auswirkungen seines eigenen Verhaltens feststellen und daraus Konsequenzen ziehen. Sinnvoll und nützlich ist es, die eigenen Wahrnehmungsfähigkeiten gezielt zu trainieren. McCormack bringt es in seinem Bestseller "Was Sie an der Harvard Business School nicht lernen" auf den Punkt: "Menschenkenntnis erfordert, alle Sinne zu öffnen. Ich glaube, daß man fast alles, was man dafür braucht, lernen kann - zumindest mehr, als so manchem lieb ist - indem man beobachtet und zuhört, Augen und Ohren aufsperrt - und den Mund hält!" (1)

**Die eigenen Wahrnehmungsfähigkeiten gezielt trainieren**

## Lernen als Grundhaltung im Leben

Die Grundhaltung "Bereitschaft zum Lernen" ist über die unmittelbare Kommunikation hinaus eine der besten Einstellungen, um unser Leben erfolgreich zu führen. Denn eines der wichtigsten Kriterien, die über unser Glück und Unglück entscheiden, ist der **Rahmen**, den wir unseren Erfahrungen geben.

**Eine der besten Einstellungen, um unser Leben erfolgreich zu führen**

Es gibt mehrere mögliche "Rahmen", die wir anlegen können. Jemand kann sich in seinem Leben bei unangenehmen Erfahrungen immer wieder als Opfer fühlen. Die Grundeinstellung dahinter ist: Die Welt ist ungerecht. Ich kann dagegen nichts machen, sondern bin dem hilflos ausgeliefert. Unangenehme Erfahrungen sind wie ungerechte Schläge, unter denen man sich nur ducken kann.

Eine andere Möglichkeit, die dieser verwandt ist, ist der Rahmen "Zufall". Das Leben ist eine

Art Roulettespiel, auf dessen Verlauf man keinen Einfluß hat. Manchmal hat man Glück und manchmal Pech, so wie das Leben eben spielt. Irgendwann wird dann schon wieder auch das Glück kommen.

**"Lernen" als Gelegenheit, in seiner Persönlichkeit zu wachsen**

Wer den Rahmen "Lernen" anlegt, sieht das Leben als Gelegenheit, in seiner Persönlichkeit zu wachsen. Jede Erfahrung, ob gut oder schlecht, enthält eine Möglichkeit, etwas Wichtiges für die Zukunft zu lernen. Selbst in der schwierigsten und belastendsten Situation gibt es etwas Wertvolles, das ihn bereichert.

Ingenieur Schneider ist schwer von seinem Vorgesetzten Hauptabteilungsleiter Renn enttäuscht. Als er vor 3 Jahren neu in die Abteilung kam, hat Renn ihm in einem Gespräch unter 4 Augen versichert, daß er bei erfolgreicher Tätigkeit schnell befördert würde. Schneider arbeitet sehr gut. Als er Renn deshalb vor kurzem auf die Beförderung ansprach, gab dieser vor, sich an nichts mehr erinnern zu können.

**Schneider legt den Rahmen "Lernen" an und fragt sich, was er aus dieser Erfahrung für die Zukunft mitnehmen kann**

Schneider legt den Rahmen "Lernen" an und fragt sich, was er aus dieser Erfahrung für die Zukunft mitnehmen kann. Er analysiert das damalige Gespräch mit Renn und setzt sich mit der Person von Renn und dessen Verhalten auseinander. Was kann er in ähnlicher Situation in Zukunft anders machen?

Situationen aus seiner Vergangenheit fallen ihm ein, in denen er ähnlich enttäuscht wurde. Was sind seine Erwartungen an andere Menschen, die ihn enttäuscht haben? Er verdrängt die Gefühle von Ärger und Trauer nicht, sondern läßt sie zu. Nach einigen Tagen hat Schneider das Gefühl, wieder aus dem Loch herauszukommen und ein Stück realistischer und gereifter geworden zu sein.

**Zum Vertiefen:**

1. Achten Sie in den nächsten Tagen bewußt darauf, wieviel Informationen Sie wahrnehmen können, wenn Sie bei Gesprächen mit den Mitarbeitern Augen und Ohren öffnen.
2. Schulen Sie Ihre Wahrnehmung mit dem ausgezeichneten Buch von Vera F. Birkenbihl "Signale des Körpers. Körpersprache verstehen", mvg-Verl., Landsberg 1985
3. Was halten Sie von folgendem Spruch:

   "Erfahrung tut nur Weise lehren,
   die Narren macht sie niemals klug."

   Fällt Ihnen eine Erfahrung ein, aus der Sie noch mehr lernen könnten?

## Literatur

(1) McCormack M., Was Sie an der Harvard Business School nicht lernen, München: mvg-Verlag, 1990, S. 19 f.

## 6. Kongruenz

**Verhalten muß stimmig sein**

Einer der wichtigsten Faktoren, der wegen seiner Selbstverständlichkeit häufig gar nicht besonders hervorgehoben wird, ist die Kongruenz und Authentizität des Handelnden. Das Verhalten muß stimmig sein. Wer mit anderen in Kontakt tritt, muß voll und ganz hinter dem stehen, was er sagt und tut. Das kann er nur, wenn das Verhalten auch seiner Person entspricht. Denn nur wenn ein Verhalten stimmt, wirkt es. Denn der Gesprächspartner registriert meist sehr schnell jede Form des inneren Zwiespalts oder der Unehrlichkeit.

Was in Seminaren und Büchern oft vergessen wird: Was für einen gut ist, ist noch lange nicht für alle gut. Und was beim einen natürlich ist und Erfolg bringt, wirkt beim anderen künstlich und falsch. Wenn beispielsweise ein bestimmter Verkaufsstil nicht der Art des Verkäufers entspricht, wirkt er aufgesetzt und unecht. Die Wirkung ist unglücklich sowohl für den Verkäufer wie für den Kunden.

**Wenn ein bestimmter Verkaufsstil nicht der Art des Verkäufers entspricht, wirkt er aufgesetzt und unecht**

*Hauptabteilungsleiter Schröter hat sich in seiner Bundeswehrzeit als Offizier angewöhnt, nur in Ausnahmefällen Anerkennung auszusprechen. Nach einem Seminar zur Mitarbeiterführung beschließt er, sich zu ändern und mehr anzuerkennen. Weil er sich unsicher fühlt, notiert er sich zu Hause, mit welchen Worten er am nächsten Tag loben will. Als er das am nächsten Tag so ausführt, stellt er fest, daß seine Mitarbeiter recht kritisch schauen. Als er dann noch hört, wie seine Sekretärin flüstert: "Er kommt doch gerade vom Seminar!", vergeht es ihm gründlich. Er bleibt in Zukunft wieder bei seinem alten Stil.*

Viele Trainings in Kommunikation sind wie Pfirsichkerne, nämlich unverdaulich. Wenn jemand ein Stück Brot herunterschluckt, fängt der Magen an, das Ganze aufzulösen und die Nährstoffe herauszufiltern. Was unverdaulich ist, wird ausgeschieden. Anders ist es, wenn aus Versehen ein Pfirsichkern verschluckt ist. Der liegt eine Zeitlang im Magen, aber die Magensäfte können ihn nicht auflösen, er ist zu hart, zu fremd. Und nach einiger Zeit befreit sich der Körper auch von ihm, allerdings etwas mühsam. Viele Teilnehmer sind nach einem Seminar begeistert und warten darauf, das Neue auszupro-

**Viele Trainings in Kommunikation sind wie Pfirsichkerne, nämlich unverdaulich**

**Ehe sie sich versehen, greifen sie wieder auf altbewährtes Verhalten zurück**

bieren. In ihrem Alltag sieht aber das Verhalten, das der Trainer auf der Seminarbühne so großartig vorgemacht hat, plötzlich ganz anders aus. Ehe sie sich selbst versehen, greifen sie dann wieder auf ihr altbewährtes Verhalten zurück. Es ist zwar nicht so erfolgreich, aber zumindest vertraut, und sie fühlen sich sicher damit.
NLP geht vom Grundsatz aus:

> **Jeder Mensch ist einzigartig. Es ist wichtig, ihm Gelegenheit zu geben, seine besonderen Fähigkeiten zu entwickeln - anstatt ihm ein Idealbild vorzugeben und ihn mit Tricks und Techniken anzutreiben, dieses Bild zu verwirklichen.**

Es gibt deshalb keine Lehrbuchweisheiten, was richtig oder falsch ist. Immer wieder wird der einzelne angeregt, seine eigenen Beobachtungen und Forschungen anzustellen. Vorgegebene Patentrezepte werden allzu schnell vergessen. Es gilt, die Fähigkeiten und Erfahrungen des einzelnen zu mobilisieren, so daß er individuelle Lösungen, die dem Einzelfall gerecht werden, selbst findet.

### Die Ebenen der Persönlichkeit

**Jemand ist in seinem Verhalten dann kongruent, wenn es seiner Persönlichkeit entspricht**

Jemand ist in seinem Verhalten dann kongruent, wenn es seiner Persönlichkeit entspricht. Dabei ist es nach Robert Dilts sinnvoll, folgende Ebenen der Persönlichkeit zu unterscheiden: Verhalten, Fähigkeiten, Überzeugungen, Identität, Wesen.
Die Persönlichkeit ist eingebettet in das soziale Umfeld oder die **Umwelt**. Sie steht in ständiger Wechselwirkung mit der Umwelt, beeinflußt sie und wird selbst durch sie beeinflußt.

Die äußerste Schicht der Persönlichkeit ist das **Verhalten**, das jemand an den Tag legt. Viele Ansätze arbeiten lediglich damit, daß sie neues Verhalten vermitteln wollen. Das fängt in der Kindererziehung an, wird in Schule und Universität fortgesetzt und geht weiter im Unternehmen und den dort stattfindenden Fortbildungen.

**Die äußerste Schicht der Persönlichkeit ist das Verhalten**

Oft genügt aber angelerntes Verhalten nicht für Kongruenz. Es macht den einzelnen in sich selbst unzufrieden und wird von anderen schnell als unecht durchschaut.

**Oft genügt aber angelerntes Verhalten nicht für Kongruenz**

Hinter dem Verhalten liegt die Ebene der **Fähigkeiten**, die jemand zur Verfügung hat. Diese Fähigkeiten sind wie ein Reservoir an Verhaltensmöglichkeiten, die der einzelne je nach Situation nutzt. In der betrieblichen Alltagsroutine zeigen sich viele Fähigkeiten überhaupt nicht. Erst in überraschenden Situationen, wie in Notsituationen oder auch nur bei der Betriebsfeier, zeigen sich ungeahnte Talente des einzelnen.

**In der Alltagsroutine zeigen sich viele Fähigkeiten nicht**

Darunter liegt die Ebene der **Überzeugungen**. Überzeugungen und Einstellungen (beliefs) sind Ideen, die wir im Kopf mit uns herumtragen. Oft sind sie unbewußt, und wenn wir nach ihnen gefragt werden, können wir sie zunächst gar nicht formulieren. Erst wenn wir uns mehr Zeit nehmen und tiefer nach den Motiven unseres Verhaltens schauen, lassen sie sich fassen. Meist haben wir sie aus der Kindheit mitgebracht. So kann ein Satz "ich lerne nur sehr langsam" aus einer Erfahrung mit einem unfähigen Lehrer herrühren und das ganze weitere Leben beeinflussen. Denn jeder neue Schritt im Unternehmen wird von Angst begleitet, den neuen Anforderungen nicht gewachsen zu sein. Diese Angst wirkt sich störend auf die eigenen Fähigkeiten aus.

**Überzeugungen und Einstellungen sind Ideen, die wir im Kopf mit uns herumtragen**

**Angst wirkt sich störend auf die eigenen Fähigkeiten aus**

Wieder ein Stück näher an uns liegt die **Identität**. Damit ist gemeint die festgefügte Auffassung, wer wir sind. Überzeugungen und Einstellungen verdichten sich zu einem sehr stabilen Kern, der auch die unser Leben dirigierenden Werte enthält. Das zeigt sich in einem Satz, wenn jemand sich gegen eine bestimmte Handlung wehrt: "Das bin nicht mehr ich." Auch diese Ebene ist vorwiegend sozial geprägt und durch frühe Erfahrungen entwickelt worden. Sie ist sehr stabil und wird nicht leicht verändert.

**"Das bin nicht mehr ich."**

Unter all diesen Ebenen liegt als Quelle aller Ressourcen unser lebendiges **Wesen** oder Sein. Diese Ebene wird vom herkömmlichen NLP-Ansatz meist nicht berührt. Fragen danach gehen an den Kern der menschlichen Existenz, in den religiösen und spirituellen Bereich. Meditation ist der Weg, um unser Wesen zu entdecken.

**Der Kern der menschlichen Existenz**

Neues sinnvolles Verhalten muß diesen Ebenen entsprechen. Es wird von den eigenen Fähigkeiten getragen. Darüber hinaus steht es nicht im Widerspruch zu inneren Überzeugungen und entspricht unseren Vorstellungen von unserer Identität. Außerdem muß es die Gegebenheiten des sozialen Umfelds berücksichtigen.

NLP betont, wie wichtig es ist, daß das neue Verhalten mit den Reaktionen der Umwelt ausbalanciert ist und in die gesamte Persönlichkeit integriert werden kann.

**Die gesamte Persönlichkeit**

Auf der Ebene des Verhaltens und der Fähigkeiten werden komplexe Zusammenhänge und komplizierte Verhaltensweisen in kleine und kleinste Schritte unterteilt und so lernbar gemacht. Darüber hinaus werden innere Widersprüche von Überzeugungen aufgedeckt und vergangene Erfahrungen aufgearbeitet, um neue sinnvollere Überzeugungen aufzubauen oder das Verständnis von der eigenen Identität zu erweitern.

## Kongruenter werden

Der Weg zu mehr Kongruenz geht dahin, sich immer mehr so zu verhalten, wie es den eigenen Werten entspricht. So ist eine der wichtigsten Hilfen, um eine Ware zu verkaufen, die eigene Überzeugung des Verkäufers von der Qualität des Produkts. Das macht den Verkäufer glaubwürdig, wenn er den Kunden von seiner Ware begeistern will.

**Sich so verhalten, wie es den eigenen Werten entspricht**

Aber was tun, wenn der Verkäufer nicht von seinem Produkt überzeugt ist? Gut ist es, dem Verkäufer über Fakten eine Stütze und Motivation zu geben, so daß er die speziellen Vorteile erkennt, die seine Firma und sein Produkt haben. Aber was, wenn Firma und Produkt tatsächlich minderwertig sind?

**Dem Verkäufer über Fakten eine Stütze und Motivation geben**

Was für Produkte gilt, gilt in gleicher Weise für Überzeugungen. Wer als Führungskraft nicht voll hinter wichtigen Entscheidungen der Konzernspitze steht, sondern nur so tut als ob, dessen Mitarbeiter werden schnell seine Fassade durchschauen und ihn als unehrlich erleben. Und der Trainer, der Methoden vermittelt, hinter denen er nicht steht, wird immer wieder erleben, wie Teilnehmer sich dem Stoff versperren.

**Mitarbeiter werden schnell die Fassade durchschauen**

Auf der Suche nach mehr Kongruenz ist es wichtig, sich **mit den inneren Hindernissen**

**auseinanderzusetzen**, die uns im Wege stehen und innere Konflikte verursachen. Jeder kommt immer wieder in solche zunächst unlösbare Konflikte im Spannungsfeld zwischen Beruf und Familie oder Karriere und Selbstverwirklichung.

**Jeder kommt immer wieder in zunächst unlösbare Konflikte**

*Herr Schwarz ist noch neu im Unternehmen und recht ehrgeizig. Außerdem ist er seit 3 Jahren verheiratet und hat kürzlich einen kleinen Sohn bekommen. Häufig findet er sich am Samstagnachmittag in einem inneren Konflikt. Da ist auf der einen Seite der Wunsch, noch schnell die Arbeit zum neuesten Projekt abzuschließen. Auf der anderen Seite möchte er mit der Familie gemeinsam etwas unternehmen. Schwarz erlebt immer wieder das Dilemma: Entweder er arbeitet mit schlechtem Gewissen ohne großen Erfolg an dem Projekt, oder er macht einen Ausflug mit der Familie, und ständig schwirrt ihm das Projekt im Kopf herum.*

**Für innere Konflikte individuell Lösungen entwickeln**

Normalerweise lösen wir einen derartigen Konflikt nicht, sondern reiben uns in ihm auf. NLP kann nun dazu benutzt werden, für innere Konflikte individuell auf einen selbst zugeschnittene Lösungen zu entwickeln. Mental, mit Hilfe unserer inneren Bilder, isolieren wir jede dieser Richtungen und behandeln sie wie eine Person mit eigenen Zielen. Dann erarbeiten wir uns Lösungen, indem beide Teile einen tragfähigen Kompromiß schließen .

Häufig identifizieren wir uns auch mit einem Teil und behandeln den anderen als Gegner.

**Den "inneren Schweinehund" besiegen**

*Herr Jung träumt davon, seine Stelle als Steuerbeamter aufzugeben und sich selbständig zu machen. Aber immer wenn er ernsthaft daran-*

*geht, seine Pläne in die Tat umzusetzen, packt ihn die Panik. Er kann sich allmählich selbst schon nicht mehr leiden. Manchmal nimmt er den Kampf mit sich selbst auf, um den "inneren Schweinehund" zu besiegen, aber immer unterliegt er.*

Sinnvoller für Jung wäre es, mehr Informationen zu gewinnen, nicht nur über die Vorteile seines Ziels, sondern auch über die Nachteile und Risiken, die es mit sich bringt.

**Innere Hindernisse weisen auf bisher nicht beachtete Nachteile oder Risiken der Ziele hin**

Denn innere Hindernisse haben einen wichtigen Aussagewert für uns. Sie weisen nämlich auf bisher nicht beachtete Nachteile oder Risiken der Ziele hin. Wer sie einfach nur über Willenskraft ausschalten will, geht nicht den besten Weg. Er verpaßt wichtige Informationen und läßt sich auf einen inneren Kampf ein. Selbst wenn er erfolgreich sein Ziel erreicht, werden Spannungen zurückbleiben. Denn der innere Saboteur ist ja nicht auf Dauer vernichtet, sondern nur zurückgedrängt. Es ist so, als ob er auf die nächste Gelegenheit der Schwäche wartet, um sich wieder durchzusetzen.

**Das eigene Verständnis erweitern, statt zu unterdrücken**

Sinnvoll ist es statt dessen, das eigene Verständnis von sich selbst zu erweitern, statt noch mehr zu unterdrücken. Nehmen wir noch einmal den Kernsatz aus Kapitel 1 vor:

**Jedes Verhalten hat eine positive Absicht oder einen bestimmten Nutzen für die betreffende Person. Das gilt auch für Verhalten, das jemand bei sich als "Fehler" bezeichnet. Es ist sinnvoller, die verborgene Absicht herauszufinden und mit anderen Mitteln zu befriedigen - anstatt den "Fehler" ausmerzen zu wollen.**

**Herausfinden, welche positive Absicht der störende Teil hat**

Wer also einen inneren Widerstand spürt, sollte versuchen herauszufinden, welche positive Absicht der störende Teil für ihn hat.
So ist die Panik vom Steuerbeamten Jung vor der Selbständigkeit ein wichtiges Indiz für ihn, daß er seinem Bedürfnis nach Sicherheit bei seinen Plänen noch nicht genügend Rechnung getragen hat. Will er selbständig werden, muß er vorher noch mehr dafür tun.

**Die Suche nach Kongruenz kann eine Eigendynamik entfalten**

Die Suche nach mehr Kongruenz kann eine Eigendynamik entfalten mit Resultaten, die vorher nicht deutlich waren. Dieser Gesichtspunkt wird manchmal von Firmen, aber auch vom einzelnen nicht bedacht.
Denn wenn ich Kongruenz ernst nehme, ist sie kein neues Verhalten, das einfach trainiert wird. Glaubwürdigkeit ist kein Geschenk, das einem im Seminar der Trainer beibringen und mitgeben kann, sondern die eigene Aufgabe und der eigene Weg. Mit dem Verlangen nach mehr Stimmigkeit machen wir uns auf die Suche nach unseren inneren Konflikten und Spannungen, zu unseren eigenen Werten und Kriterien hin. Das ist der Preis. Die Belohnung ist, daß die eigene Wirkung auf andere um so stärker sein wird, je mehr jemand das vermittelt, was er lebt und ist.

**Unsere eigenen Werte und Kriterien**

**Zum Vertiefen:**

In welchen Situationen verhalten Sie sich nicht kongruent? Was könnten Sie ändern, um kongruenter zu werden?

# Teil II:

# Die Schritte zu exzellenter Kommunikation

**NLP befaßt sich mit exzellenter Kommunikation im Alltag. Die folgenden 5 Schritte sind wichtig, wenn zwei (oder mehr) Menschen zusammenkommen, um ein Ergebnis zu erzielen. Das gilt genauso für den Umgang des Vorgesetzten mit seinem Mitarbeiter, für die Zusammenarbeit von Kollegen im Team, für das Verkaufsgespräch des Verkäufers oder für den Konflikt mit dem Partner zu Hause. Immer sind die folgenden Schritte Voraussetzung für ein zufriedenstellendes Ergebnis. NLP bietet für jeden Schritt eine Fülle von Möglichkeiten, die in NLP-Büchern inzwischen über 10 000 Buchseiten füllen. Ich beschränke mich bei jedem Schritt auf zwei oder drei Beispiele.**

**SCHRITT 1:**

## In Kontakt mit den eigenen Kräften kommen

Sie wissen, wie es ist, wenn es Ihnen einmal ganz besonders gutgeht. Sie sind energiegeladen und schwungvoll. Sie wissen, was Sie wollen, und setzen sich dafür ein. Gleichzeitig sind Sie dabei nicht etwa stur und verbissen, sondern aufmerksam und offen. Flexibel können Sie sich auf den Gesprächspartner einstellen und dabei Ihre eigenen Interessen miteinbeziehen. Damit haben Sie die besten Voraussetzungen, um zu befriedigenden Ergebnissen zu kommen.

Ganz anders, wenn Sie einen schlechten Tag haben. Sie fühlen sich lustlos, müde und angespannt. Nichts scheint zu klappen. Wenn Sie Gespräche führen, merken Sie, wie Sie den anderen nicht erreichen. Statt dessen reagieren Sie oder Ihr Gesprächspartner sehr schnell gereizt und unwillig. An einem solchen Tag ist es das beste, Sie beschränken sich auf Routinearbeiten am Schreibtisch.

**Sie müssen in Kontakt mit Ihren Kräften, Stärken und Fähigkeiten kommen**

Deshalb ist die erste wichtige Voraussetzung, um einen Kontakt erfolgreich zu gestalten: Sie müssen selbst in Kontakt mit Ihren eigenen Kräften, Stärken und Fähigkeiten kommen und in einem guten Zustand sein.

NLP lehrt Methoden, Kräfte zu wecken, so daß wir die eigene Stärke zur Verfügung haben. Die Spannbreite der Methoden reicht dabei von der intensiven Nutzung der eigenen Gedanken, Erinnerungen und Phantasien bis hin zur Beeinflussung der Gefühle und des Körpers.

**Denk-Programme, die uns in eine negative Richtung bringen**

Beispielsweise spulen in Situationen, mit denen wir regelmäßig schlecht zurechtkommen (Streß, Auseinandersetzungen usw.), wie vorprogrammiert innere Denk-Programme ab, die uns in eine negative Richtung bringen.
Dabei verlaufen diese inneren Abläufe im Alltag blitzschnell und werden meist nicht bewußt registriert. Mit Aufmerksamkeit und Geduld lassen sie sich jedoch bewußtmachen.

**Negative Programme erkennen wir an den Resultaten**

Negative Programme erkennen wir an den **Resultaten**. Unsere Gedanken tun uns nicht gut, sind nicht hilfreich, sondern verschlimmern im Gegenteil unser Verhalten in der Situation. Solche ungünstigen Programme erzeugen Wut, Depression und Schuldgefühle. Beispielsweise treten **zwanghaft Erinnerungen an Fehlschläge und Verletzungen** auf. Jedesmal wenn eine ähnliche Situation auftritt, erinnern wir uns automatisch an die schlechten Erfahrungen, verspannen uns und gehen in eine Flucht- oder Angriffshaltung.

**Bewußtmachen**

Deswegen ist es ein wichtiger Schritt, sich in schwierigen Situationen **bewußtzumachen, welche negativen inneren Programme genau ablaufen**. Welche Erinnerungen, welche Bilder, welche Sätze und welche Gefühle treten auf? Häufig führt allein das neue Wissen schon zu Änderungen. Wer bisher immer automatisch und fast zwanghaft in eine negative Richtung reagiert hat, der hat jetzt mehr Abstand und kann anders reagieren. Er verfolgt genau seinen inneren Prozeß und paßt auf, nicht wieder in die gleiche Falle zu tappen.

**Ein hervorragendes Mittel, um Kräfte zu wecken**

**Mentales Training** ist ein hervorragendes Mittel, um die eigenen Kräfte zu wecken. Mentales Training setzt sich aus zwei Bausteinen zusammen: Bewußtes **Trainieren von Entspannung** und **systematische Beeinflussung unseres Denkens**, genauer gesagt unserer inneren Bilder (Visualisierung) und unserer inneren Sätze.

Nehmen wir ein Beispiel, das zeigt, wie stark sich unser Denken auf unser Verhalten und unser Potential auswirkt.

**Placebo-Effekt**

Da gibt es einmal den sog. Placebo-Effekt bei Medikamenten. Er besteht darin, daß dem Kranken vom Arzt ein Schein-Medikament, also eine völlig harm- und wirkungslose Pille anstatt der gewünschten gegeben wird. Jemand hat starkes Kopfweh und möchte eine Kopfschmerztablette. Die bekommt er zum Schein vom Arzt - dabei weiß er nicht, daß er getäuscht wird. Das Erstaunliche geschieht: die Kopfschmerzen verschwinden!

Diese falschen Medikamente helfen in mehr als der Hälfte der Fälle genauso gut wie ein wirksames Medikament. Das bedeutet, daß die **bloße Vorstellung**, ein Medikament zu erhalten, den

Körper dazu veranlaßt, darauf wie auf ein Medikament zu reagieren.
Durch dieses Beispiel wird erkennbar, welche starken Wirkungen Vorstellungen auf uns haben. Wie wirksam muß ein Training sein, das genau diese Vorstellungen trainiert!

**Wie wirksam ist ein Training, das Vorstellungen trainiert ?**

Eines der erfolgreichsten Felder, in denen Mentales Training eingesetzt wurde, waren die sowjetischen und amerikanischen **Raumfahrer**. Von Raumfahrern wird perfektes Technologieverständnis und Angstfreiheit, uneingeschränktes Aufgabenbewußtsein, extreme Disziplin und hohe Improvisationskunst ebenso wie harmonisierender Teamgeist verlangt.
Die Amerikaner gingen von dem Gedanken aus, daß das menschliche Gehirn vor einem großen Ereignis nicht nur auf alle möglichen Konsequenzen vorbereitet sein sollte, sondern daß die Bewältigung einer Aufgabe um so leichter sei, je öfter sie vorher mental durchgespielt werde. Die Raumfahrer wurden Meister der mentalen Simulation. Streß war für viele ein Fremdwort. "Eine schöne Sache, genau wie im Training", lautete denn auch einer der ersten Sätze des ersten Mondfahrers Neil Armstrong auf dem Mond. Und Kollege Conrad meinte bei einer späteren Mondlandung: "Es ist wie die gewohnte Arbeit. Ich fühle mich so, als wäre ich schon einige Male hier gewesen." (1)

**Raumfahrer, Meister der mentalen Simulation**

**NLP gibt dem Mentalen Training entscheidende Impulse.** Seine Forscher untersuchen, wie unser Gehirn arbeitet und wie günstige und ungünstige innere Programme in unserem Gehirn aussehen. Mit diesem Wissen werden effektive Techniken entwickelt, um ungünstige Programme positiv zu verändern. Auf diese

**NLP gibt entscheidende Impulse**

Weise kann jemand quälende Phobien und Ängste loswerden, sich von traumatischen Erinnerungen trennen, aber auch neues Verhalten lernen, Konflikte zu lösen, und sich selbst besser motivieren.

**Unbewußt vollziehen wir "Mentales Training"**

**Unbewußt und unsystematisch** vollziehen wir "Mentales Training" unser ganzes Leben lang, allerdings oft in eine für uns ungünstige Richtung.

*Firmenchef Schulz hat ein schwieriges Gespräch mit einem besonders schwierigen Kunden, Herrn Langer, vor sich, bei dem ihm vorher sehr unbehaglich zumute ist. Er wartet auf seinen Gesprächspartner Langer und hat noch eine halbe Minute Zeit. Automatisch bereitet er sich innerlich auf das Gespräch vor.*

**Er bereitet sich innerlich auf das Gespräch vor**

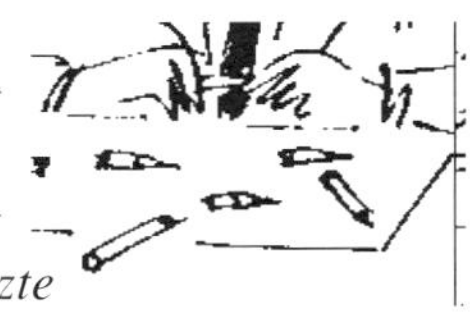

*So etwa: "Hoffentlich ist Langer in guter Stimmung. Aber meistens ist er ja übel gelaunt. Das letzte Mal war er ja gräßlich. Also wenn er mir wieder so kommen will - das lasse ich nicht zu. Da werde ich mal zeigen, wie ich mich auf meine Hinterbeine stellen kann. Der soll mir nur kommen! Ich brauche ihn so dringend ja auch nicht, und ich lasse mir nichts von ihm gefallen." So und so ähnlich laufen blitzschnell Gedanken, Erinnerungen, Bilder und Selbstgespräche ab.*

**Die instinktive Vorbereitung**

Diese instinktive Vorbereitung wirkt sich auf den Zustand von Schulz aus. Die gerade beschriebenen Gedanken lösen bestimmte körperliche Reaktionen aus. Er spannt sich an und macht sich kampfbereit.

Als dann Langer wirklich in sehr mieser Stimmung ist und Schulz Vorhaltungen macht, daß die letzte Reparatur zu spät ausgeführt wurde und ständig Reklamationen anfallen, reicht es Schulz. Er geht in die Luft, und Langer wirft ihn hinaus.

Schulz hat sich auf das Gespräch vorbereitet, allerdings nicht auf die günstigste Art. Körperliche Anspannung und Kampfbereitschaft allein sind nämlich nicht unbedingt optimale Voraussetzungen für ein schwieriges Gespräch. Viel sinnvoller scheint es, in einem Zustand zu sein, in dem Ihnen alle Möglichkeiten, je nach Situation von Freundlichkeit bis zur Härte, zur Verfügung stehen.

**Körperliche Anspannung und Kampfbereitschaft sind nicht optimale Voraussetzungen**

Zu dieser optimalen Vorbereitung, beispielsweise vor einem unangenehmen Kritikgespräch mit einem Mitarbeiter, kommen Sie, wenn Sie den folgenden Schritt tun: Sie machen sich eine **Vorstellung von dem gewünschten Ergebnis,** und zwar vom **Zielzustand.** In welchem Zustand wollen Sie nach dem Gespräch sein? Doch wahrscheinlich zufrieden mit sich selbst, weil Sie alle Schwierigkeiten optimal gemeistert haben. Um sich diesen Zustand vorzustellen, müssen Sie zunächst nicht wissen, wie Sie das geschafft haben und was sich alles während des Gesprächs abgespielt hat. Wichtig ist nur die lebendige und plastische Vorstellung von dem guten Endzustand, den Sie **nach** dieser Situation haben. Damit wissen Sie, wohin Ihre Vorbereitung Sie führen soll, und wecken gleichzeitig Ihre Kräfte und Fähigkeiten.

**Die Vorstellung vom gewünschten Zielzustand**

**Wichtig ist die lebendige und plastische Vorstellung**

Dann kommt der wichtige zweite Schritt: **Welche Eigenschaften wären bei einem solchen Gespräch wichtig?** Sinnvoll wäre es, in der kritischen Situation gelassen zu bleiben, aufmerksam zuzuhören und gleichzeitig sicher, höflich und bestimmt den eigenen Standpunkt zu vertreten.

**Welche Eigenschaften sind wichtig?**

**Wie meistern Sie die Hindernisse ?**

Als dritten Schritt gehen Sie jetzt im Geiste alle möglichen Varianten des Gesprächs durch. Sie überlegen sich, welche Schwierigkeiten und Hindernisse auftauchen könnten und **wie Sie diese Hindernisse mit Hilfe der vorher gefundenen Fähigkeiten meistern**. Was machen Sie zum Beispiel, wenn Ihr Gesprächspartner schlecht gelaunt ist und zunächst unhöflich ist? Sie stellen sich im Geiste vor, wie Sie ruhig und sicher, höflich, aber bestimmt darauf reagieren. So bereiten Sie die optimale Reaktion auf jede Situation vor und üben sie gleichzeitig ein. Elegant bewältigen Sie mit einem entsprechenden Training jede Situation. Sie trainieren so wie der Skifahrer, der im Geiste vor dem Slalom immer wieder jede Slalomstange elegant und sicher umfährt.

**Formen innerer Bilder**

NLP hat eine wichtige Unterscheidung bei den Inhalten von inneren Bildern herausgefunden. Jeder von uns hat die Fähigkeit zu zwei verschiedenen Formen innerer Bilder. (Manchmal braucht es allerdings Training, um sie mehr zu entwickeln.)
Bei der einen Form von Bildern versetzen wir uns geistig in die Situation hinein. Wenn wir uns also an den Urlaub erinnern, dann sind wir einen Moment lang wieder ganz an diesen Platz versetzt. Wir schauen uns um, sehen das Meer, die Berge oder die Stadt um uns in allen Einzelheiten. Wir sind im Bild. Wir hören die Geräusche um uns herum, spüren die Kühle oder Wärme der Luft, und vielleicht können wir sogar den Duft und den Geschmack des köstlichen Essens wahrnehmen. Mit dieser Form der Erinnerung kommen auch die Gefühle dieser Situation wieder. Und da es ein angenehmer Urlaub war, spüren wir die Entspannung und die Kraft wie-

der, die uns dieser Ort gegeben hat.
Innere Vorstellungen, Erinnerungen oder auch Phantasien werden so zur Kraftquelle, die wir ganz bewußt für problematische Situationen oder einen grauen Arbeitsalltag nutzen können.

**Vorstellungen, Erinnerungen oder Phantasien werden zur Kraftquelle**

Dann gibt es eine andere Art von inneren Bildern, in der wir Beobachter von außen sind und uns sogar selbst in den Bildern sehen können. Wenn wir diese Bilder sehen, sind wir gefühlsmäßig entweder distanziert, oder wir bekommen zu dem Bild ein eigenes Gefühl.
Wenn Sie beispielsweise letzte Woche eine unangenehme Auseinandersetzung mit einem Mitarbeiter oder Kunden hatten, dann können Sie diese Situation wie auf einer Filmleinwand von außen anschauen. Sie sehen den Mitarbeiter, und Sie sehen sich selbst, wie Sie handeln und reagieren. Sie nehmen die Position des neutralen Beobachters ein. Von hier aus fallen Ihnen plötzlich Dinge auf, die Ihnen als Beteiligter entgangen sind. Sie hören den eigenen gereizten Tonfall, und Sie erkennen selbst, wie Sie die schwierige Situation mitverursachen. Damit haben Sie ein sehr wertvolles Instrument der eigenen Analyse.

**Eine andere Art von inneren Bildern**

**Ein sehr wertvolles Instrument der eigenen Analyse**

Mit dieser Art der Betrachtung haben Sie sogar noch mehr Möglichkeiten: Sie entwickeln von außen neue Vorstellungen, wie Sie sich in der Situation besser verhalten hätten. Als neutraler Beobachter können Sie verschiedene Möglichkeiten durchspielen und sich dann für die beste entscheiden.
Mental üben Sie diese Situation dann für zukünftige Situationen konsequent ein. So können Sie angemessenes Verhalten für Reaktionen bei einem Konflikt, bei einem Verkaufsgespräch

**Angemessenes Verhalten bei einem Konflikt**

**Das innere Rollenspiel**

oder als Leiter eines Seminars trainieren. Mit dieser Art des inneren Rollenspiels lernen Sie schnell und effektiv Verhaltensänderungen.
**So lernen Sie aus kritischen Situationen und gewinnen die Fähigkeit, sich das nächste Mal anders und besser zu verhalten!** Die distanzierte Form ist eine hervorragende Möglichkeit, die eigene Intelligenz und das eigene Wissen zu nutzen und neue Möglichkeiten für die Zukunft zu finden.

**Fähigkeiten des Beteiligtseins**

Leider ist es so, daß viele Menschen im Alltag diese Fähigkeiten des Beteiligtseins und der Distanz genau verkehrt herum zum eigenen Schaden gebrauchen.
So platzt ein Kollege herein und erzählt mit fuchtelnden Armen heftig von dem unmöglichen X, der ihn gerade beleidigt hat. Sie erkennen bei seiner Art des Erzählens, daß er in die Erinnerungsbilder hineinschlüpft - mit der Konsequenz, daß er alles wieder erlebt und den Ärger und den Druck auf den Magen genauso heftig spürt, als würde das Ereignis gerade jetzt im Moment passieren. Er tut sich damit nichts Gutes, er lernt nichts aus der Situation, sondern er belastet lediglich seinen Kreislauf.

**Deprimiert an den Urlaub denken**

Der gleiche Kollege hat (leider) die Distanz, wenn er an seinen Urlaub denkt. Er macht sich das Bild vom sonnigen Strand und sieht sich das von außen in einiger Entfernung an. Dann schaut er um sich herum, sieht die vielen unbearbeiteten Akten auf dem Schreibtisch und wird plötzlich deprimiert, wenn er das mit dem Urlaubsbild vergleicht. Er ist nämlich nicht in die Erinnerung hineingeschlüpft, was ihm gut getan hätte, sondern ist in der Distanz geblieben.

## Zum Vertiefen:

1. Erinnern Sie sich an einen Ort, an dem Sie sich einmal ganz besonders wohl gefühlt haben.
   Gehen Sie zurück an diesen Ort, indem Sie die Augen schließen, sich entspannen und sich genau erinnern. Wo sind Sie? Was können Sie sehen in der Nähe und in der Ferne? Was liegt vor Ihnen, was hinter Ihnen? Was können Sie für Geräusche an diesem Ort hören? Welches ganz besondere Gefühl erleben Sie an diesem Ort? Genießen Sie es eine Zeitlang.
2. Erinnern Sie sich an eine unangenehme Szene aus den letzten Tagen.
   Stellen Sie sich eine Filmleinwand vor, auf der der Film dieser Szene sich abspielt. Sie sehen sich selbst und die anderen Beteiligten ganz genau. Wenn Sie sich Zeit nehmen und genau hinschauen – was können Sie Neues (Aktionen, Reaktionen, Gefühle) entdecken, das Ihnen damals entgangen ist?

3. Zur Vertiefung empfohlen:
   Ulsamer B., "Erfolgstraining für Manager. Ihr Mentalkurs zur Spitzenleistung", ECON, Düsseldorf 1992

## Literatur

(1) Stemme F./Reinhardt K.,Supertraining. Mit mentalen Techniken zur Spitzenleistung, Düsseldorf, Wien, New York: ECON, 1988, S. 52 f.

**SCHRITT 2:**

## Den "Draht" zum anderen finden

**Schon während die allerersten Worte fallen, entscheiden Sie, ob Sie "mit jemand können" oder nicht**

Der nächste Schritt zur erfolgreichen Kommunikation geht dahin, daß Sie zum Gegenüber "**einen Draht" finden**. "Einen Draht" finden - wie geschieht das? Wie kommt es zu dem entscheidenden ersten Eindruck? Denn schon während die allerersten Worte fallen, entscheiden Sie, ob Sie "mit jemand können" oder nicht. Verhalten Sie sich unpassend, wird von vornherein leichtes Unbehagen den aufkommenden Kontakt stören.

Hier vermittelt NLP umfassend die Kunst, sich sprachlich und körpersprachlich auf den anderen einzustellen.
Wie läßt sich ein positiver Kontakt mit jemand herstellen? Durch Beobachten, Zuhören und Verhaltensanalysen haben die NLP-Forscher unbewußte Regeln und Verhaltensweisen erkannt, die schon immer menschlichen Kontakt bestimmen. Sie sind so einfach und überall zu beobachten, daß es erstaunlich ist, daß sie vorher noch nicht ausdrücklich formuliert waren.

**Unbewußte Regeln und Verhaltensweisen, die menschlichen Kontakt bestimmen**

Wenn zwei Personen ein Gespräch führen, gleicht sich in Fällen guten Kontakts die Haltung ständig an. Es scheint fast ein Tanz in Zeitlupe, wie jede Veränderung des einen eine Veränderung beim anderen bewirkt. Was neben der Körperhaltung von Bedeutung ist: Bei gutem Kontakt gleicht sich auch der Atemrhythmus unbewußt an.

**Ein Tanz in Zeitlupe**

Ist der Kontakt dagegen schlecht oder konfliktbeladen, so zeigt sich das an gegensätzlicher und meist unbeweglicher Haltung.

Diese Beobachtungen wurden mit dem Begriff "Pacing" aufgeschlüsselt und nutzbar gemacht. "Pacing" läßt sich etwa übersetzen mit "im gleichen Schritt gehen". Damit ist gemeint, daß Sie sich als Gesprächspartner umfassend auf den anderen einstellen. Als Grundregel kann genannt werden: **Je größer die Ähnlichkeit mit jemand ist, desto leichter wird guter Kontakt (Rapport) aufgebaut**.

**"Pacing": Sich umfassend auf den Gesprächspartner einstellen**

Je ähnlicher Sprache, Körpersprache, Denkweise, Entscheidungsstrategien sind, desto einfacher und fruchtbarer wird ein Kontakt sein - ganz gleich, ob als Führungskraft, Verhandlungspartner oder im Vertrieb.

**Bewußt und gezielt läßt sich der gute Kontakt aufbauen**

Bewußt und gezielt läßt sich so der gute Kontakt mit Mitarbeitern aufbauen. Der Vorgesetzte stellt sich mit seiner eigenen Körpersprache auf den Mitarbeiter ein, darüber hinaus auch auf der inhaltlichen und sprachlichen Ebene, so lange, bis eine gemeinsame Basis hergestellt ist.
Diese Erkenntnisse sind gerade für die Führungskraft wichtig. Denn wie das Wort "Führungskraft" beinhaltet, ist ihre Aufgabe zu führen. Führen ist jedoch nur möglich, wenn ich den anderen zuvor erreicht habe. Erst dann ist er bereit, sich auch führen zu lassen. Es reicht also für die Führungskraft nicht, sich über unwillige und widerspenstige Mitarbeiter zu beschweren. Denn meist zeigt diese Beschwerde auch eigenes Versäumnis auf, sich nicht auf die Mitarbeiter einzustellen.

**"Führen" ist nur möglich, wenn ich den anderen zuvor erreicht habe**

Wichtig ist, daß Pacing der ernsthafte Versuch ist, den anderen zu erreichen, der nur Erfolg hat, wenn ich mich als Handelnder selbst beeinflussen lasse.

*Firmenchef Streit hat ein schwieriges Gespräch mit seinem Personalchef Frank vor sich. Streit ist der Ansicht, daß mehr frischer Wind in der Weiterbildung wehen sollte und auch neue verhaltensorientierte Ansätze genutzt werden sollten. Sein Personalchef Frank liebt dagegen mehr einen Stil, bei dem die Teilnehmer mit rauchenden Köpfen und dicken Ordnern aus dem Seminar kommen. Streit weiß, daß Frank sehr empfindlich ist, und möchte ihn nicht vor den Kopf stoßen.*
*Heute fühlt Streit sich dynamisch genug, um dieses Gespräch zu führen. Als Frank ins Zimmer kommt, sieht Streit, daß Frank angespannt ist und sich sehr steif auf dem Sessel niederläßt.*

*Streit nimmt die Körperhaltung von Frank an und erkennt dabei, daß es Frank wohl nicht besonders gutgeht. Deshalb hält er sich zunächst zurück und bremst seinen Schwung. Frank entspannt sich allmählich, weil er merkt, daß er nicht angegriffen wird. Allmählich kommen beide Gesprächspartner zu einer gelösteren Haltung und zu einem offenen Gespräch.*

**Streit nimmt die Körperhaltung von Frank an**

Wie jeder aus eigener Erfahrung weiß, ist ein guter Kontakt dann schnell wieder zerstört, wenn ein Gesprächspartner nur seine Interessen und seine Person berücksichtigt. Dann erfolgt der "Rapportbruch". Wer spürt, daß er den guten Kontakt mit seinem Gegenüber verloren hat, kann von sich aus wieder körpersprachlich und sprachlich in Gleichklang mit dem Partner kommen.

**Ein guter Kontakt ist schnell wieder zerstört**

Das Wissen, wie guter Kontakt herzustellen ist, ist dann überflüssig, wenn Sie sowieso schon einen Draht zu ihrem Gesprächspartner haben. Dann konzentrieren Sie sich am besten voll auf das Gespräch.
Wichtig wird es in drei Situationen:
Bei einem neuen Kontakt hilft es gerade in der ersten schwierigen "Beschnupperphase". Wenn Sie ein Gespräch mit einem schwierigen Partner oder einem heiklen Thema führen, erleichtert es den Kontakt ein ganzes Stück. Wenn schließlich in einem bis dahin guten Gespräch plötzlich Spannungen auftreten, dann erinnern Sie sich wieder daran, sich auf Ihren Gesprächspartner einzustellen.

**Drei wichtige Situationen: Ein neuer Kontakt, ein schwieriger Partner oder plötzliche Spannungen**

**Zum Vertiefen:**

1. Beobachten Sie Menschen, die sich offensichtlich gut und angeregt unterhalten (Kantine, Restaurant usw.). Was können Sie an gemeinsamer Körpersprache entdecken?
2. Achten Sie bei Ihrem nächsten schwierigen Gespräch bewußt darauf, in den körpersprachlichen Rhythmus mit dem Gegenüber zu kommen.

## SCHRITT 3:

## Die Welt des anderen verstehen

**Den anderen umfassend in seinem Bild der Welt erfassen**

Sie werden den "Draht" sehr schnell wieder verlieren, wenn Sie nicht zum dritten Schritt kommen. Dieser Schritt geht dahin, den anderen umfassend in seinem Bild der Welt zu erfassen. Wenn schon jeder der 5 Milliarden Menschen unterschiedliche Fingerabdrücke hat, wieviel mehr werden sich dann Charakter und Wesen unterscheiden, auf die noch viele zusätzliche familiäre, soziale und kulturelle Faktoren einwirken?!

**“Der andere ist einfach dumm”**

In unserer Alltagskommunikation funktionieren wir jedoch meist nach der simplen Vorstellung, daß der andere genauso ist wie wir. Handelt er entgegen diesen Erwartungen, dann haben wir negative Erklärungen wie “ist einfach dumm”, “will nicht”, “hat einen miesen Charakter”.

**Die persönliche “Landkarte”**

Menschen unterscheiden sich darin, wie sie die Welt erleben und verstehen. Jeder einzelne hat im Laufe seines Lebens unterschiedliche Erfahrungen gemacht und die Erfahrungen unterschiedlich verarbeitet. Er konstruiert sich seine persönliche “Landkarte” der Welt und orientiert sich nach ihr. Dabei entwickelt jeder seinen eigenen Stil, seine eigenen Kriterien, seine eigenen Symbole und seine eigenen Werte. Seine Sprache spiegelt dieses Weltbild wider. Diese unterschiedliche Art, die Welt wahrzunehmen, ist der Grund für viele Schwierigkeiten und Mißverständnisse. **Dabei handelt jeder aus seiner Sicht der Welt heraus für ihn optimal**.

**Für den einen ist Sehen wichtiger, für den anderen Hören, für den dritten Spüren**

Beispielsweise unterscheiden sich Menschen darin, daß sie ihre verschiedenen Sinne unterschiedlich stark nutzen. Meistens bevorzugt jemand eine bestimmte Wahrnehmungsart, so daß für den einen Sehen wichtiger ist, für den anderen Hören, für den dritten Spüren. Je nach Situation wechselt meist die Wahrnehmungsart. Aber gerade in Streßsituationen greift jeder auf sein bevorzugtes System zurück (mehr darüber im GABAL-Buch “Einstieg in die Neuro-Linguistische Programmierung”).

Um flexibel und verständnisvoll mit anderen umzugehen, muß die Führungskraft anfangen, die eigene Landkarte, d. h. die eigene Sichtweise und die eigene Beschreibung, bewußt zu registrieren. Als nächster Schritt steht dann an, auch die Sichtweise und die Worte der anderen zu erfassen und zu verstehen.

**Die Andersartigkeit erfassen**

NLP hat eine Reihe von Kategorien herausgearbeitet, die helfen, die Andersartigkeit zu erfassen und zu überbrücken. Ein wichtiges Übungsfeld im NLP-Training ist es, das System des anderen zu erkennen, zu verstehen und sich darin ausdrücken zu lernen.

## Sprache nutzen, um Informationen über die Welt des anderen zu erhalten

**Sprache schafft Verbindung**

Sprache schafft Verbindung zwischen den verschiedenen inneren Welten, in denen jeder einzelne von uns lebt. Dafür ist Sprache ein großartiges Hilfsmittel. Als Kehrseite davon wird Sprache zur unerschöpflichen Quelle von Mißverständnissen.

**Worte sind verknüpft mit konkreten Sinneserfahrungen**

Denn Worte sind verknüpft mit konkreten Sinneserfahrungen. Jede Erfahrung aber ist höchstpersönlich und einzigartig, genau wie die jeweilige Verknüpfung.

Ein faszinierender geistiger Prozeß geht vonstatten, wenn ein kleines Kind anfängt, Worte wie Hund und Katze zu lernen, und anfängt, beide Tiere mittels dieser Begriffe voneinander zu unterscheiden.

**Die Grundlage für Worte sind konkrete Bilder**

Die Grundlage für diese Worte sind konkrete Bilder (Schäferhund und Dackel, Haus- und Siamkatze), Geräusche (Bellen, Miauen) und Hautempfindungen (die Schnauze des Hundes, die Krallen der Katze). Diese Wahrnehmungen werden auch in Zukunft mit diesen Worten verknüpft bleiben.

In unserem geschäftlichen Umgang vergessen wir allzuoft diese Eigenschaft der Sprache.

So kommt es vor, daß wir uns (scheinbar) mit unseren Worten verstehen, uns dabei aber etwas vormachen, weil wir **unterschiedliche Erfahrungen mit den gleichen Worten** verknüpfen.

*Drei Angestellte reden in einem Unternehmen vom "schlechten Arbeitsklima", das hier herrscht.*
Der Abteilungsleiter meint damit: Schon dreimal wollten Mitarbeiter keine Überstunden machen.
Der Personalchef dagegen: Der Krankheitsstand ist um 5 % höher als zu dieser Jahreszeit üblich.
Für Mitarbeiter Müller: Beim letzten Betriebsausflug hat er Streit mit der Sekretärin bekommen.

**Oft kommt es vor, daß Leute sich heftig streiten, ohne daß sie unterschiedlicher Auffassung sind**

Genauso oft wie ein falsches Verstehen kommt aber auch das Umgekehrte vor, daß Leute sich heftig streiten, **ohne** daß sie unterschiedlicher Auffassung sind. Sie schaffen das, indem sie **unterschiedliche Begriffe nutzen, weil sie von unterschiedlichen Erfahrungen sprechen**.

***Müller***: *"Das Wichtigste ist, die Mitarbeiter positiv zu motivieren."*
***Schmidt***: *"Also diese ganze neumodische Welle bringt überhaupt nichts! Man muß einfach ab und zu durchgreifen!"*
***Müller empört***: *"Also ich finde so einen Standpunkt unmöglich. Der stammt doch aus dem Mittelalter."*
***Schmidt***: *"Sie meinen wohl, Sie können mit Ihrem Motivationsgequatsche heute noch einen Hund hinter dem Ofen hervorlocken?"*
usw. usw.

**Dabei liegen sie auf genau der gleichen Wellenlänge**

Dabei liegen Müller und Schmidt, ohne daß sie es bei ihrem Gespräch erkennen, in ihrem praktischen Umgang mit Mitarbeitern auf genau der gleichen Wellenlänge! Müller hat bei seinen

Worten die Abteilung, die er kürzlich übernommen hat, vor Augen. In dieser Abteilung durften die Mitarbeiter vorher wenig oder gar nicht selbständig arbeiten, und die allgemeine Stimmung ist recht schlecht.
Wenn Schmidt dagegen vom "Durchgreifen" spricht, dann deshalb, weil ihn noch die Erinnerung an einen Mitarbeiter plagt, der Alkoholiker ist. Seit mehreren Wochen hat dieser Mitarbeiter immer wieder hoch und heilig versprochen, mit dem Alkohol aufzuhören, und gestern hat er dann angetrunken im Betrieb einen Unfall verursacht.

**Die gleichen Begriffe mit unterschiedlichen Inhalten und Werten**

Eine andere Möglichkeit ist, **die gleichen Begriffe mit unterschiedlichen Inhalten und Werten zu füllen**.

*In einem Seminar bricht eine heftige Diskussion zwischen zwei Teilnehmern aus der gleichen Firma aus. Der eine erklärt dem anderen: "Du bist ehrgeizig." Das streitet der andere heftig ab und reagiert sehr gekränkt: "Ich bin überhaupt nicht ehrgeizig!" "Doch!" kommt es vom anderen zurück.*

**Sind Sie "ehrgeizig" ?**

Im gemeinsamen (tatsächlich stattgefundenen) Gespräch klärt sich, daß der erste "ehrgeizig" mit Begriffen wie "einsatzfreudig, übernimmt Verantwortung, will Dinge verbessern" verknüpft. Er wollte also mit dem Wort "ehrgeizig" eine Anerkennung aussprechen. Der zweite hingegen versteht unter "ehrgeizig" soviel wie "rücksichtslos, geht über Leichen, drängelt sich nach vorne, Streber" und fühlt sich deshalb beleidigt. Kein Wunder, daß bei diesem unterschiedlichen Begriffsverständnis fast ein Streit entstanden wäre!

Um die Welt des anderen zu verstehen, muß die Führungskraft sich konkrete Informationen holen und nach konkreten Erfahrungen fragen. Die wichtigste Fähigkeit dabei ist es, die richtigen Fragen zu stellen. Denn jede gute Frage bringt notwendige Informationen. Wenn jemand keine Fragen stellt, macht er sich innerlich zu abstrakten Worten seine eigenen Vorstellungen aufgrund seiner eigenen Erfahrungen.
Je abstrakter die Worte sind, desto größer muß der Zufall sein, daß zwei Gesprächspartner in die gleiche Richtung denken.

**Die wichtigste Fähigkeit ist es, die richtigen Fragen zu stellen**

NLP hat nun ein ganzes System von Fragen, das sogenannte Metamodell, ausgearbeitet, um **alle relevanten Informationen zu erhalten**. Dabei haben diese Fragen oft neben dem Informationssammeln noch eine andere wichtige Funktion: sie **lenken die Gedanken in eine bestimmte Richtung**. Denn auch **Denkfehler** spiegeln sich in vielen ungenauen Sätzen wider. Mit den richtigen Fragen erschüttern wir innere Denk-Barrieren und bringen die Gedanken in eine richtige Richtung.

**Das sogenannte Metamodell**

**Die Gedanken in eine bestimmte Richtung lenken**

Einige Beispiele:

***Schmidt**: "Meine Kollegen mögen mich offensichtlich nicht."*
***Chef**: "Wem ist es offensichtlich? Woran genau erkennen Sie, daß sie Sie nicht mögen?"*

Wahrscheinlich hat Schmidt ganz genaue Vorstellungen, wie sich jemand zu verhalten hat, der ihn mag. Das kann den Tatsachen entsprechen, muß es aber nicht. Denn keiner von uns kann **Gedanken lesen**, sondern zieht immer nur Rückschlüsse.
***Vorstand**: "Die Entscheidung, das Werk Neun-*

**Keiner von uns kann Gedanken lesen**

*kirchen zu schließen, bedrückt uns sehr."*
***Journalist:*** *"Wer hat entschieden, X zu schließen? Was sind die Gründe, die Sie hindern, Ihre Entscheidung zu ändern?"*

**Eine Entscheidung ist kein Gegenstand, sondern ein Prozeß**

Eigene Handlungen werden so behandelt, als ob sie unabänderliche Fakten seien. Denn eine Entscheidung ist kein Gegenstand, sondern ein **Prozeß**, der aktiv von Menschen getroffen und getragen wird. Der Vorstand könnte sich ja auch anders entscheiden, eben mit anderen Konsequenzen.

***Durchgefallener Stellenbewerber:***
"Ich bin eben ein Versager."
***Berufsberater:*** "Wo genau, wie genau versagen Sie? Welche Situationen gibt es, in denen Sie nicht versagt haben?"

**Verallgemeinerungen blockieren das Denken und Handeln**

Ein Erlebnis wird in unzulässiger Weise **verallgemeinert**. Derartige Verallgemeinerungen stimmen nie, aber sie blockieren das Denken und Handeln. Deshalb gilt es, sie zu hinterfragen.

***Chef:*** "Ich kann gegen seine Sturheit nichts unternehmen."

***Coach:*** "Was hindert Sie daran?"
"Was könnte passieren, wenn Sie es tun?"

Eine **Denkblockade** liegt vor, weil an einem bestimmten Punkt das Denken abgebrochen wird. Die Fragen durchbrechen diese Blockade.

**Zum Vertiefen:**

1. Hinterfragen Sie beim nächsten Streit, welche Erfahrungen hinter den einzelnen Behauptungen stehen.

2. Stellen Sie in den folgenden Beispielen die richtigen Fragen.

a) Jemand liest Gedanken: "Herr Müller möchte mehr Anerkennung."

b) Bei jemand verallgemeinert: "Man darf keinem Vorgesetzten trauen."

c) Bei jemand hört das Denken auf: "Ich kann Ihnen da leider keine Auskunft geben."

Achten Sie in der nächsten Zeit darauf, wenn Gesprächspartner ähnliche Formulierungen verwenden, und hinterfragen Sie.

**SCHRITT 4:**

## Die Kräfte des anderen wecken

**Auch der andere in einem guten Zustand**

Nun genügt es nicht, daß Sie selbst die eigenen Kräfte und Fähigkeiten zur Verfügung haben, einen Draht zum anderen aufbauen und ihn in seiner Welt verstehen. Um zu erfolgreichen Gesprächen zu kommen, muß auch der andere in einem guten Zustand sein und seine eigenen Kräfte zur Verfügung haben. Erst dann sind Verhandlungen möglich, die zu optimalen Ergebnissen für beide Seiten führen. Man stelle sich eine wichtige Verhandlung vor, bei der der eine Partner angespannt und mißlaunig ist. Die Chancen für eine friedliche und flexible Lösung wachsen nicht, sondern nehmen ab.

Vielleicht klingt das im ersten Moment etwas widersinnig, denn viele gehen automatisch davon aus, daß je schwächer der Partner (oder "Gegner") ist, desto vorteilhafter das Ergebnis für sie selbst sein wird. Dabei vergessen sie, daß in der Praxis auf Dauer nur dann Zufriedenheit über ein Verhandlungsergebnis herrscht, das beiden Seiten gerecht wird.

**Wir vergessen, daß in der Praxis auf Dauer nur dann Zufriedenheit über ein Verhandlungsergebnis herrscht, das beiden Seiten gerecht wird**

Noch stärker als bei Verhandlungen gilt das im Unternehmen beim Umgang des Vorgesetzten mit seinen Mitarbeitern oder bei der Zusammenarbeit im Team. Nur wenn die Mitarbeiter und Kollegen die eigenen Kräfte und Fähigkeiten zur Verfügung haben ("gut drauf sind"), werden optimale Arbeitsergebnisse erzielt. Eine hohe Kunst der Führungskraft ist es, diesen Zustand beim anderen zu wecken und zu fördern.

Wie Sie bei Schritt 1 erfahren haben, haben innere Bilder, in die wir uns hineinversetzen, die Wirkung, daß wir die Gefühle aus dieser Situation wieder erleben.

**Mit jedem Gesprächsthema lösen Sie Bilder bei ihrem Gegenüber aus**

Mit jedem Gesprächsthema lösen Sie Bilder bei ihrem Gegenüber aus. Wenn es ein unangenehmes Thema ist, zum Beispiel über Krankheiten, den letzten Autounfall oder die heftige Auseinandersetzung gestern, werden Sie Gefühle aus dieser Situation wecken. Sie und Ihr Gesprächspartner werden sich bei diesen Themen wahrscheinlich etwas anspannen.

In die umgekehrte Richtung gelangen Sie bei angenehmen Themen. Die Bilder, die Sie auslösen, werden zu angenehmen Gefühlen führen, zu Entspannung oder zu einer gesunden Spannung führen. Instinktiv nutzen wir diese Möglichkeiten immer wieder, wenn wir zu Beginn eines Gesprächs die Atmosphäre lockern, indem wir von den Hobbys, dem Urlaub oder den Kindern des Gegenüber sprechen.

**Zu Beginn eines Gesprächs die Atmosphäre lockern**

Über diesen Alltagsgebrauch hinaus läßt sich dieses Wissen gezielt in vielen anderen Bereichen einsetzen, so wie einige Möglichkeiten schon im Kapitel "Vertrauen in das menschliche Potential" beschrieben worden sind.
Eine Möglichkeit, beim anderen Kräfte zu wekken, ist die Frage nach dem Ziel, das er erreichen möchte. Jedes angestrebte Ziel beinhaltet ja eine angenehme Vorstellung. Je konkreter und je präziser die Vorstellung von dem Ziel ist, desto stärker werden die Kräfte ("Ressourcen"), die durch die Vorstellung geweckt werden.

**Jedes angestrebte Ziel beinhaltet eine angenehme Vorstellung**

Analysieren wir unter diesen Gesichtspunkten noch einmal das kleine Beispiel aus dem allerersten Kapitel.
Kollege A kommt mit angespanntem Gesichtsausdruck auf Sie zu und fragt: "Ich habe mit dem Mitarbeiter X folgendes Problem Y, und ich weiß nicht weiter. Welchen Rat können Sie mir geben?"
Gedanklich scheint A in einer Sackgasse, gleichzeitig läßt sich dem angespannten Gesichtsausdruck entnehmen, daß A auch gefühlsmäßig unzufrieden und körperlich angespannt ist. A ist blockiert, abgeschnitten von seinen Ressourcen.
Ihre Frage ist: "An was haben Sie denn gedacht?" Mit dieser Frage wecken Sie die Kräfte und Fähigkeiten von A für die belastende Situation.

**Wecken Sie die Kräfte und Fähigkeiten des anderen**

Sie erkennen den Erfolg Ihrer Bemühung daran, daß sich der körperliche Zustand von A verändert. Wenn bei seiner Antwort seine Augen anfangen zu leuchten, dann wissen Sie, daß Sie Ressourcen bei ihm geweckt haben. Diese Richtung können Sie mit zusätzlichen Fragen weiterverfolgen.

**Wenn die Augen anfangen zu leuchten, wissen Sie, daß Sie Ressourcen bei ihm geweckt haben**

*Höchst aufgebracht kommt Konstrukteur Schleier in das Büro von Hauptabteilungsleiter Weinig, um sich über seinen direkten Chef, Abteilungsleiter Reger, zu beschweren. Es sei überhaupt nicht mehr auszuhalten. Ständig werde er kontrolliert und gegängelt, er könne überhaupt keine eigenen Initiativen mehr entwickeln. Seine ganze Kreativität sei dahin. Weinig läßt Schleier erst einmal ausschimpfen und fragt dann: "Was genau wollen Sie denn? Wie wäre es Ihnen denn am liebsten, daß Herr Reger mit Ihnen umginge?" Schleier ist zunächst verdutzt, aber dann wandelt sich rasch seine Stimmung, und er fängt an, daß er in Zukunft nur mehr am Monatsende einen Bericht mit Ergebnissen für Reger abgeben will. "Meinen Sie, das reicht Reger? Ist denn bisher immer alles tadellos gelaufen?" fragt Weinig. Schleier wird etwas rot und gesteht, daß er im letzten Monat ein Projekt verschlampt hat und daß seither die Kontrollen noch stärker geworden sind. "Aber übel war es schon immer!" bekräftigt Schleier noch einmal. Als nächstes fragt Weinig: "Wie könnten Sie denn vorgehen, daß Sie selbst Ihren kreativen Spielraum behalten und gleichzeitig Reger sichergehen kann, daß alles ordentlich erledigt wird?" Inzwischen ist die Erregung bei Schleier schon lange abgeklungen, und er überlegt sich engagiert, welches konkrete Angebot er am nächsten Tag seinem Abteilungsleiter machen kann, so daß beide in Zukunft zufriedener sind.*

**"Wie wäre es Ihnen denn am liebsten, daß Herr Reger mit Ihnen umginge ?"**

**"Wie könnten Sie denn vorgehen, daß Sie selbst Ihren kreativen Spielraum behalten und gleichzeitig Reger sichergehen kann, daß alles ordentlich erledigt wird?"**

**Jeder Gedanke an Ziele wird Kräfte mobilisieren**

Jeder Gedanke an Ziele wird Kräfte mobilisieren, um den gegenwärtigen Zustand befriedigender zu gestalten. Jede Frage, die in diese Richtung zielt, wird für den Gefragten zur Hilfe.

**Die Mischung aus Grundhaltungen und speziellen Techniken**

In **Weiterbildungsseminaren** hat NLP mit der Mischung aus Grundhaltungen und speziellen Techniken und Übungen folgendes Problem gelöst, das herkömmliche Trainings manchmal zum Scheitern bringt: Wie lassen sich Teilnehmer im Seminar zur Mitarbeit und zu Verhaltensänderungen motivieren?

Ein gutes Seminarklima ist eine wichtige Voraussetzung für die Aufnahme von neuem Lernstoff und für das Gelingen eines Seminars.

**Je entspannter die Teilnehmer im Seminar sind, desto mehr nehmen sie auf**

Je entspannter die Teilnehmer im Seminar sind und je mehr sie sich für den Lernstoff interessieren, desto mehr nehmen sie auf und mit nach Hause. Neue Lernsysteme (wie z. B. Suggestopädie oder Superlearning) nutzen diese alte Weisheit heute mit neuen Methoden wieder.

In noch weit höherem Maß als bei der rein intellektuellen Wissensaufnahme ist das gute Seminarklima wichtig bei Lernen, das Verhalten ändern soll. So soll zum Beispiel beim Training von Kommunikationsfähigkeiten immer auch das eigene Verhalten beeinflußt werden. Führungskräfte lernen, Konflikte kooperativer als bisher auszutragen, oder der Außendienst lernt im Verkaufstraining, wie man selbstsicherer und gleichzeitig aufmerksamer auf den Kunden zugeht.

**Führungskräfte lernen, Konflikte kooperativer als bisher auszutragen**

Das eigene Verhalten ist aber oft sehr widerstandsfähig gegenüber Änderungsversuchen. Es ist ein starres System aus Reaktionen, die sehr tief sitzen und lange eingeübt sind. Wir sind vertraut mit den eigenen Reaktionen und fühlen uns sicher damit. Mit dem im Seminar vorgestellten Verhalten kommen wir in Neuland. Und da taucht von ganz allein Vorsicht auf: Vielleicht zeigen wir irgendwelche Blößen und erleiden Nachteile. Vielleicht sind wir ungeschickt und blamieren uns. Es ist eine sinnvolle natürliche Reaktion, uns dort, wo wir vielleicht angegriffen werden, möglichst gut zu schützen.

**Mit dem im Seminar vorgestellten Verhalten kommen wir in Neuland**

Deshalb bringt mancher Trainer die Teilnehmer nur mit Druck dahin, daß sie widerwillig das zeigen und ausprobieren, was er von ihnen verlangt. Nach dem Seminar vergessen sie es so schnell wie möglich wieder.

**Je mehr aber Seminarteilnehmer in Kontakt mit den eigenen Stärken kommen, desto mehr bringen sie den Mut auf, neue Schritte zu tun, um ihr Verhalten zu ändern.** Stärken der Teilnehmer werden im Seminar genutzt, indem sie angesprochen werden. Jeder Teilnehmer hat bis zu dem Seminar beruflich und privat eine Reihe von Erfolgen, große oder/und kleine, zu verzeichnen. Jeder hat eine Menge Fähigkeiten und Qualitäten. Häufig nimmt sie der einzelne als selbstverständlich und vergißt sie. Die Aufgabe des Trainers ist es, ihn wieder daran zu erinnern. Denn jede Erinnerung an einen Erfolg oder eine Fähigkeit macht - zumindest teilweise - Potential für die aktuelle Situation verfügbar.

**Jeder hat eine Menge Fähigkeiten und Qualitäten. Häufig nimmt sie der einzelne als selbstverständlich und vergißt sie.**

*Im Seminar wird von einigen Teilnehmern die Frage aufgeworfen, wie mit NLP "gute" Entscheidungen getroffen werden. Es stellt sich heraus, daß 3 Teilnehmer im Moment vor aktuellen schwierigen Entscheidungen stehen.*

Als Seminarleiter sorge ich für eine ruhige Atmosphäre, in der jeder Teilnehmer Raum für seine eigenen Gedanken hat. Dann fordere ich die drei Teilnehmer auf, sich in den nächsten 10 Minuten an ähnlich schwierige Entscheidungen aus der Vergangenheit zu erinnern, die von ihnen erfolgreich gelöst wurden. Sie sollen sich noch einmal genau vorstellen, wie sie mit den Schwierigkeiten und Problemen umgingen und wie sie schließlich die "gute" Entscheidung getroffen hatten. Dann bitte ich sie, weiter entspannt zu bleiben und diese Erfahrungen auf die aktuelle Entscheidung zu übertragen.

**Anschließend hat jeder der Teilnehmer für sich neue Erkenntnisse gewonnen**

Anschließend hat jeder der Teilnehmer für sich neue Erkenntnisse gewonnen. Dem am stärksten engagierten Herrn B. ist klar geworden, daß er noch nicht alle notwendigen Fakten für seine Entscheidung auf dem Tisch hat. Herrn R. ist deutlich geworden, daß er doch mehr zu der risikoreicheren Alternative neigt, während sein Kollege, Herr L., sich genau für das Gegenteil entscheidet, nämlich den sicheren Weg wählt.

**Wertvolle Erfahrungen aus der Vergangenheit werden so genutzt**

Wertvolle Erfahrungen aus der Vergangenheit werden so genutzt, daß sie in schwierigen Situationen zur Verfügung stehen und die eigene **individuelle Lösung** fördern. Die inneren Programme werden aufgerufen, wie solche Erfolge zustandekamen. So kommt der einzelne in Kontakt mit den eigenen Stärken und setzt sie in aktuellen kritischen Situationen ein.

**Zum Vertiefen:**

1. Nutzen Sie diese Technik für Sie selbst:
   a) Denken Sie an einen Ihrer größten beruflichen Erfolge.
   b) Welche Fähigkeiten haben Sie dabei bewiesen und gezeigt?
   c) Denken Sie jetzt an eine aktuelle Situation, die Ihnen Schwierigkeiten macht.
   d) Wie würde es sich auswirken, wenn Sie die genannten Fähigkeiten aus Ihrem beruflichen Erfolg hier mehr einsetzen und nutzen würden?

2. Beim nächsten Problem, mit dem ein Mitarbeiter zu Ihnen kommt, stellen Sie ihm die Fragen:

   "Was haben Sie sich als Lösung gedacht?"

   "Haben Sie schon einmal ein ähnliches Problem zufriedenstellend gelöst? Wie war das?"

**SCHRITT 5:**

## Wege zum gemeinsamen Ziel

**Methoden und Wege zum befriedigenden Ergebnis**

Mit den bisherigen Schritten sind die besten Voraussetzungen geschaffen, in einen erfolgreichen Kontakt einzutreten. Als letztes sind Methoden erforderlich als Wege zum befriedigenden Ergebnis. Befriedigen wird den exzellenten Kommunikator in der Regel ein gemeinsames Ergebnis, mit dem er und sein Partner zufrieden sind.

Es geht also nicht darum, daß nur einer allein, nämlich Sie als der aktiv Beeinflussende, zufrieden ist und der andere unzufrieden ist und sich manipuliert oder ausgetrickst fühlt. **Alle** Beteiligten sollen **langfristig** von dem Kontakt **profitieren**.

Jemand wird nur dann hervorragend mit seinen Mitmenschen umgehen können, wenn er in Kontakt mit der eigenen Stärke und Kraft ist. Der Grund, auf dem diese Stärke wächst, ist innere Ruhe und Entspannung. Dies ist nie bei demjenigen gegeben, der seine Fähigkeiten nutzt, um andere zu übervorteilen oder sie zu beherrschen. Sie alle kennen Menschen, die fast zwanghaft danach streben, andere auszunutzen. Ist einer davon entspannt und in sich ruhend?

**Der Grund, auf dem Stärke wächst, ist innere Ruhe und Entspannung**

Nur wer seinen Partnern vertrauen kann, kann sich erlauben, sich zu entspannen. Aber nur der kann einem anderen vertrauen, der sich selbst vertrauenswürdig verhält!

**Nur der kann einem anderen vertrauen, der sich selbst vertrauenswürdig verhält !**

Die innere Ursache, warum jemand rücksichtslos auf den eigenen Vorteil bedacht ist, hat immer mit Angst, Mißtrauen und fehlendem Selbstwertgefühl zu tun. Geld, Einfluß und Macht dienen als Kompensation für das Gefühl des inneren Mangels. Gleichzeitig treiben diese Tendenzen den Betreffenden immer mehr in Isolation, so daß er sich von seinen Mitmenschen abschneidet und in einen Teufelskreis gelangen kann. Er kann so vielleicht ein exzellenter Manipulator werden, aber nicht exzellent in Zufriedenheit und Ausgeglichenheit.

**Geld, Einfluß und Macht als Kompensation für das Gefühl des inneren Mangels**

Die in Teil II genannten Schritte zeigen, daß es nicht um den Puppenspieler geht, der an den Fäden seiner Mitmenschen zieht und sie so führt. In dem beschriebenen Modell exzellenter Kommunikation werden zunächst die eigenen Stärken geweckt. Das sind nicht nur Zielstrebigkeit, Durchsetzung und Einsatz, sondern genauso Ein-

**Es geht nicht um den Puppenspieler, der an den Fäden zieht**

fühlungsvermögen und Fairneß. Den Draht zum anderen knüpfen Sie über den Gleichklang und das Mitschwingen mit dem Partner. Je tiefer Sie die Welt des anderen verstehen, desto stärker werden Sie über das rein intellektuelle Begreifen hinaus zum verständnisvollen Mitfühlen kommen. Darüber hinaus unterstützen Sie den Partner, selbst in den Zustand seiner Kraft zu kommen.

**Den Draht zum anderen knüpfen**

**Was, wenn der Gegenüber nur rücksichtslos auf seinen Vorteil bedacht ist ?**

Und was, wenn der Gegenüber nicht mitspielt? Wenn er jemand ist, der nur rücksichtslos auf seinen Vorteil bedacht ist? Als erstes sei wieder an den Grundsatz erinnert: Es gibt kein "richtiges" oder "falsches" Handeln, sondern **Flexibilität** ist die wichtige Tugend. NLP macht Sie nicht zum Schaf unter Wölfen. Das bedeutet, daß Sie alle Register von Reaktionen zur Verfügung haben, vom Entgegenkommen bis zur kompromißlosen Härte.

**NLP macht Sie nicht zum Schaf unter Wölfen**

Explizite Methoden für die Wege zum gemeinsamen Ziel wurden von NLP bisher nur wenige entwickelt.

**Leading: Den anderen führen und mitnehmen**

Wichtig ist hier der Begriff des "Leading", der in engem Zusammenhang mit dem "Pacing" in Schritt 2 steht. Im Pacing erreichen Sie den anderen. Ist dieser Gleichklang erreicht und ein gemeinsames Band geknüpft, wird eine eigene bewußte Veränderung zum Führen (Leading) und Beeinflussen des anderen. Leading bedeutet, daß Sie aus dem guten Kontakt heraus Veränderungen vornehmen und den anderen dabei mitnehmen. Das Bedürfnis für beide ist entstanden, im gemeinsamen Kontakt zu bleiben. Die Möglichkeit zu führen besteht aber nur so weit, wie der Draht und das Verständnis für den anderen tragfähig ist. Wer nur noch den eigenen

Vorteil im Sinn hat, wird rasch den Draht wieder zum Reißen bringen.

In meiner Seminarpraxis schlage ich den Teilnehmern für schwierige Situationen und Konflikte einfache Gesprächsmuster vor, die Kommunikationspsychologie und NLP verbinden.

**Einfache Gesprächsmuster**

Wie gehe ich zum Beispiel damit um, daß ein Fehler im Unternehmen begangen worden ist und der Kunde verärgert ist?

1. Den Fehler konkret und offen zugeben und die persönliche Verantwortung für den Fehler übernehmen.
   Ergebnis: Langfristig bestätigt das die eigene Zuverlässigkeit.
2. Die Reaktion des anderen aufmerksam anhören und annehmen.
   Ergebnis: Der andere kann seinem Ärger Luft machen und wird ihn los.
3. Bedauern für den Fehler ausdrücken. (Wichtig ist dabei, daß Bedauern noch nicht Schuldanerkenntnis oder -übernahme bedeutet!)
   Ergebnis: Der andere fühlt sich in seinen Unannehmlichkeiten verstanden.
4. Gemeinsames Ziel für die Zukunft nennen. (Das Ziel kann z. B. die schnellstmögliche Behebung des Fehlers sein.)
   Ergebnis: Die Aufmerksamkeit geht konstruktiv in die Zukunft.
5. Um Unterstützung für das gemeinsame Ziel bitten.
   Ergebnis: Das Miteinander statt des Gegeneinander wird betont.

**Verantwortung für den Fehler übernehmen**

**Bedauern für den Fehler ausdrücken**

**Gemeinsames Ziel für die Zukunft**

**Unterstützung für das gemeinsame Ziel**

Ein einfaches praxisnahes Modell ist bei Reck/Lang (2) zu finden, die für sinnvolle Verhand-

**Beide Seiten gewinnen**

**Auch anderen eine Chance geben**

lungen ein Modell ausgearbeitet haben, bei dem beide Seiten gewinnen ("win-win negotiation"). Bereits der erste Satz in ihrem Buch "Unschlagbar verhandeln" erinnert daran, "daß Sie Ihre beruflichen und privaten Ziele nur dann dauerhaft durchsetzen können, wenn Sie auch anderen die Chance geben, zusammen mit Ihnen zu gewinnen." Denn "Verlierer sind nicht auf Ihrer Seite. Gewinner schon." Ein Schwerpunkt dieser Art des Verhandelns besteht darin, sich in die Person des anderen hineinzuversetzen und für ihn Chancen und Gewinnmöglichkeiten zu entwickeln.
Das wohl empfehlenswerteste Buch über Verhandlungen, die zu gemeinsamen Ergebnissen führen, ist "Das Harvard-Konzept" (2).

## Zum Vertiefen:

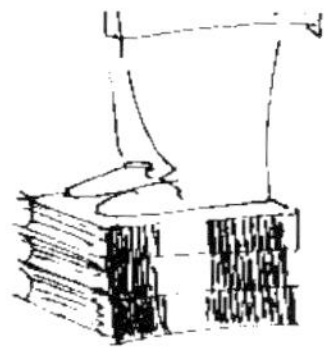

1. Überlegen Sie vor Ihrem nächsten schwierigen Gespräch, welche Vorteile Sie Ihrem Partner bieten können.

2. Lesen Sie eines der beiden unten angegebenen Bücher.

## Literatur

(1) Ross R./Long B., Unschlagbar verhandeln. Die beiderseitige Gewinnstrategie, Landsberg: mvg 1989

(2) Fisher R./Ury W., Das Harvard-Konzept: sachgerecht verhandeln - erfolgreich verhandeln, Frankfurt: Campus 8. Aufl. 1989

## Grenzen von NLP

"Durch NLP alles erreichen, was Sie wollen!" "Mit NLP die Nummer 1 werden!" usw. Liest man die Anzeigen und die Werbung für manche Bücher und Seminare, dann drängt sich die Vermutung auf, daß hier etwas angeboten wird, bei dem der heimliche Größenwahn wieder Blüten treibt.

**Der heimliche Größenwahn**

Aber als Olympiasieger auf dem Podestchen stehen kann immer nur **einer** (und jeder will der eine sein). Was ist mit den anderen? (Und wahrscheinlich zählen Sie, liebe Leserin, lieber Leser, wie ich auch zu der Mehrheit, die nicht mit großem Vorsprung als erste einlaufen.) Sind die anderen die Verlierer? Der Ausschuß? Oder hat es vielleicht nur daran gelegen, daß Sie Ihre Kräfte nicht gut genug eingesetzt haben? Also mehr und besser und effektiver trainieren!! Und die ganze Hoffnung auf das nächste Mal, die Revanche setzen!

**Haben Sie Ihre Kräfte gut genug eingesetzt ?**

NLP wird zu derartigen Höhenflügen benutzt. Die Frage stellt sich, ob das der sinnvollste Einsatz ist. Es ist angebracht, skeptisch gegenüber dem NLP als letzter Waffe im gnadenlosen Konkurrenzkampf zu sein. Etwas an und für sich sehr Nützliches und Sinnvolles wird dazu verwendet, um sich kurzfristig als der Größte zu fühlen.

**Skepsis gegenüber NLP als Waffe**

Statt dessen läßt sich NLP einsetzen als Mittel, um die eigenen Fähigkeiten individuell zu entwickeln und zu fördern. Mit NLP können Sie herausfinden, was Ihr ganz persönlicher Weg ist.

**Die eigenen Fähigkeiten entwickeln und fördern**

Das Ergebnis: Sie werden Ihr Potential immer mehr entfalten. Sie werden lernen, entspannt Ihre Kraft einzusetzen. Sie werden immer zufriedener mit sich, weil Sie im Einklang mit sich selbst sind. Das ist der Boden für die "exzellente Kommunikation", so daß Ihre Umwelt gern mit Ihnen zusammenarbeiten wird.

**Der Boden für die "exzellente Kommunikation"**

Für jede Führungskraft gilt, daß Kongruenz und Stimmigkeit des Verhaltens ausschlaggebende Faktoren sind. Das gleiche gilt natürlich auch für NLP-Trainer.

Wer genau hinsieht, kann entdecken, daß gerade auch hier Theorie und Praxis auseinanderklaffen. Das ist nicht verwunderlich, denn NLP tritt mit einem sehr hohen Anspruch auf. Dem ist der einzelne Trainer (natürlich!) nicht immer ge-

**Theorie und Praxis klaffen auseinander**

**NLP-Training im Schnelldurchgang ?**

wachsen. Denn eigene negative Grundmuster und Grundstrukturen können nicht durch NLP-Begeisterung oder ein paar NLP-Trainings im Schnelldurchgang verändert werden. Da mag jemand als Trainer noch so sehr angetan von NLP sein und auch Seminarteilnehmer anstekken und überzeugen.

**NLP die Supermethode ?**

So war es für mich vor einigen Jahren interessant, an dem Intensivkurs von NLP-International teilzunehmen, bei dem eine Reihe profilierter amerikanischer Trainer 3 Wochen lang NLP vermittelten. Jeder von ihnen stand zwischendurch auf der Bühne und sprach vollmundig von der immensen Kraft von NLP, eine exzellente und reibungslose Kommunikation und Zusammenarbeit herzustellen. Gleichzeitig fiel nach einigen Tagen auf, wie die Trainer intern an ihrer Hackordnung rangelten, wer der Größte sei und wer da ein Stück zurückzustehen habe. Also diese doch sehr menschlichen Züge auch bei den Proklamierern der neuen Supermethode!

**Keiner wußte, mit der Situation umzugehen**

Ein anderer Vorfall im gleichen Seminar war, daß eine Teilnehmerin offensichtlich überfordert war und anfing, sich immer auffälliger und störender bemerkbar zu machen. Keiner wußte richtig, mit der Situation umzugehen. Statt dessen breitete sich eine ungute Spannung unter den Trainern und den insgesamt 120 Teilnehmern aus.
Bis schließlich einer der Trainer, der nur kurz anwesende Robert Dilts, in einer Großgruppensitzung einfach die Teilnehmerin nach vorne holte und mit ihr über die ganze Situation sprach. Er demonstrierte keine brillanten NLP-Techniken, sondern ging nur einfach und offen auf die Teilnehmerin zu. Dadurch entspannte sich die

ganze Atmosphäre schlagartig. Es hatte Mut erfordert, die Situation auf der gleichen Ebene mit der Betroffenen zu klären. Das war für mich weit imponierender, als wenn der Trainer versucht hätte, den Therapeuten mit seinen Techniken zu spielen.

**Mut, die Situation auf der gleichen Ebene zu klären**

Eine weitere Grenze liegt in der Vorsicht von Teilnehmern, sich auf neues Gedankengut einzulassen, das den Rahmen ihrer bisherigen Erfahrung sprengt. Wer sich als Missionar für NLP versteht, stößt schnell auf berechtigten Widerstand. Hier zeigt sich die Kunst des erfahrenen NLP-Trainers, sich geduldig auf das Denken der jeweiligen Teilnehmer einzustellen, ihre Erfahrungen zu würdigen und behutsame Angebote zu machen, neue Schritte zu gehen.

**NLP-Missionare stoßen schnell auf berechtigten Widerstand**

Nach meinen ganz persönlichen Erfahrungen zeigt sich immer wieder, daß der "Urgrund", den es zu verarbeiten gilt, die eigene Kindheit ist. NLP bietet hier einige sehr intensive und wertvolle Techniken, die bekannteste ist der sog. Change History.

**"Urgrund" ist die eigene Kindheit**

Change History ist eine therapeutische Technik, bei der es um die Erinnerung von kindlichen Traumata, ihr bewußtes Wiederentdecken, das Freimachen von den belastenden Gefühlen und das Lebendigmachen von Ressourcen geht. Der Ausgangspunkt ist ein sehr massives störendes und belastendes Gefühl aus einer aktuellen Situation. Dann geht eine Reise in die Vergangenheit los: In welchen früheren Situationen wurde dieses spezielle Gefühl schon erlebt? Mit der Unterstützung des Trainers wird dann eine frühe (oft im Alter von 4 oder 5 Jahren oder jünger) Szene gefunden, in der dieses Gefühl sehr stark erlebt wurde. Im nächsten Schritt wird diese

**Die Vergangenheit 'heilen'**

**Eine Reise in die Vergangenheit**

Szene mit innerer Distanz angeschaut. Danach ändert der Betrachter die Szene in seiner Phantasie so, wie sie für ihn optimal gewesen wäre. Manchmal tritt er auch selbst in den Film und gibt dem Kind das, was es ursprünglich gebraucht hätte. Auf diese Weise fließen zusätzlich Ressourcen in die ursprünglich belastende Erinnerung.

**Ekstase auf Dauer ?**

Gerade weil ich diese Technik so wichtig empfinde, war ich überrascht, wie 1990 Richard Bandler (neben John Grinder der andere "Vater" von NLP) bei einem Ausbildungsseminar in der Schweiz diesen Bereich völlig ausklammerte. Als wesentlich tauchten immer wieder 3 Begriffe auf: Ecstasy, Excellence and Money! In der ersten Woche war es sehr anregend zu erleben, wie Bandler seine enorme Kraft und seine Fähigkeiten einsetzte und damit alle Teilnehmer ansteckte. In der zweiten Woche fiel dann immer mehr auf, wie alles ausgeklammert wurde, was wir an Negativem erlebt haben und erleben. Irgendwann schien die ganze Ekstase ohne den anderen Pol nur flach und oberflächlich. Eine ganze Dimension des Lebens, mit der sich jeder von uns immer wieder herumschlagen muß, war ausgeklammert. Die Tiefe, die zu mancher (nicht jeder!) tiefgreifenden Veränderung nötig ist, fehlte. Und natürlich stellt sich mir die interessante Frage, ob und wie jemand seine eigene Lehre dieser amerikanischen Form von "Happiness" auf Dauer lebt.

**Die Entwicklung Persönlichkeit eine lange Reise**

Mir scheint, daß die Entwicklung der eigenen Persönlichkeit wie eine lange Reise ist, die Zeit braucht. Wenn diese Reise einmal bewußt gestartet ist, dauert sie an. Einmal läuft sie schneller, dann wieder langsamer.

Schauen wir uns draußen in der Natur um, dann sehen wir, daß auch jede Pflanze Zeit zu ihrem Wachstum braucht. Wenn ein Gärtner ungeduldig ist und im Frühling schon bei den ersten Sonnenstrahlen anfängt, seine Pflänzchen aus dem Boden zu ziehen, wird er wenig Erfolg ernten. Natürlich wird Wachstum durch Sonne, Regen und einen guten Boden gefördert. Deswegen ist es gut, daß den Menschen mit NLP ein besonders kräftiger und wirksamer Dünger zur Verfügung steht.

**NLP als kräftiger Dünger für das Wachstum**

## Ausblick: Der Manager der Zukunft

Immer stärker setzt sich die Vorstellung durch, daß für die Probleme, die uns Gegenwart und Zukunft stellen, eine neue Art von Führungspersönlichkeit erforderlich ist. Beschrieben wird der Manager der Zukunft als jemand, der alle modernen Führungstugenden in sich vereinigt: Intuition, Entscheidungskraft, hervorragende Team- und Führungsfähigkeiten und manches mehr. Wie allerdings die Entwicklung dahin - ohne auf Genmanipulation zurückzugreifen - in Gang zu bringen ist, darüber schweigen sich die meisten Seher der Zukunft aus.

**Die neue Art von Führungspersönlichkeit**

NLP bietet den **geistigen Hintergrund und die Methoden**, um die Fähigkeiten, die in Zukunft benötigt werden, zu vermitteln. Dabei muß NLP nicht in Konkurrenz mit anderen Methoden treten. Die bisher genannten Grundsätze und Methoden können mit vielen anderen Trainingsrichtungen kombiniert werden und sie bereichern. Durch äußerlich kleine, aber an einigen Stellen entscheidende Änderungen wird das bisherige Seminar auf elegante Art wirksamer, ohne daß die Teilnehmer je das Wort "NLP" aus

**NLP bietet den geistigen Hintergrund und die Methoden, um die Fähigkeiten, die in Zukunft benötigt werden, zu vermitteln**

dem Mund des Trainers gehört hätten.

**NLP als umfassendster Ansatz**

In der Weiterbildung ist NLP der bisher umfassendste Ansatz, um

1. Kooperations- und Kommunikationsfähigkeit zu verbessern,
2. Flexibilität, Intuition, Zielgerichtetheit und Selbstvertrauen zu entwickeln und
3. andere bei der Entwicklung dieser Fähigkeiten zu unterstützen.

Abschließend werden noch einmal Fähigkeiten des Managers der Zukunft und die Möglichkeiten des NLP hierzu zusammengefaßt:

## Kooperationfähigkeit

**Einzelkämpfer sind nicht mehr gefragt**

- talking stick
- von „Ich" sprechen nicht man u. auf keinem Fall Du (Botschaften)
- 2 Min in die Stille gehen nach Diskussions-/Verhandlungsrunden

Die immer komplexer werdenden Zusammenhänge in Technik, Wirtschaft und Politik erfordern die Zusammenarbeit der einzelnen Spezialisten und ihre Teamfähigkeit. Verständigung mit anderen auf allen Ebenen ist notwendig. Rigide Einzelkämpfer sind nicht mehr gefragt. NLP bietet Modelle der Zusammenarbeit an, die zur Befriedigung aller Beteiligten führen. Das Durchsetzen der eigenen Bedürfnisse auf Kosten der anderen ist, wie NLP betont, keine auf Dauer sinnvolle Strategie für den Umgang mit anderen. Die Fähigkeiten, die eigene Kommunikation zu verbessern, auf andere einzugehen, sie zu führen und zu motivieren, werden geübt und geschult.

Gleichzeitig wird der **verantwortliche Gebrauch** des gesamten Instrumentariums gelehrt. Denn es geht nicht um "Psychotechniken", um andere besser zu manipulieren und auszunutzen. Ein gutes NLP-Seminar vermittelt neben trainierbaren Fähigkeiten auch Hilfen, das persönliche Potential zu entwickeln. Die eigenen Stärken werden gefunden, weiterentwickelt und **gleichzeitig** partnerschaftliche Wege gefunden, die Stärken kooperativ einzusetzen.

### Flexibilität

mehr prozeßorientiert?

**Ständige Neuorientierung und Mut zum Handeln**

Je schneller sich das Rad der Entwicklung dreht, desto mehr unvorhergesehene Situationen ergeben sich. Der Manager wird sich in Zukunft noch weniger als bisher an festen Programmen und Mustern festhalten können. Statt dessen ist ständige Neuorientierung und der Mut zum Handeln gefordert.
NLP schult die Flüssigkeit des Denkens und Handelns. Strukturen erfolgreichen Handelns werden gezeigt, und nicht festgelegte Inhalte sind entscheidend. Kreative Umsetzung der Strukturen in eigenes Verhalten ist ständiges Thema. So wird von Anfang an der Eigenverantwortung breiter Raum gegeben und die flexible Handhabung geübt. Dazu werden eigene starre Handlungsprogramme auf ihre Nützlichkeit hin hinterfragt, und Alternativen werden erarbeitet.

### Intuition

**Ein feineres Gespür für zukünftige Entwicklungen ist gefragt**

Ein immer feineres Gespür für zukünftige Entwicklungen ist gefragt. Die komplexen Verknüpfungen zwischen Politik, Wirtschaft, Umwelt und Zeitströmungen können rein logisch und analytisch nicht mehr ganz begriffen werden. Das intuitive Erfassen der Zusammenhänge gewinnt immer mehr an Bedeutung.
Im NLP-Training lernt die Führungskraft, “alle Antennen auszufahren”. Die Sinneskanäle werden geschult, mehr Informationen aufzunehmen. Augen und Ohren stellen sich auf immer

feinere Nuancen ein. Mittels des Mentalen Trainings werden die Fähigkeiten der rechten Gehirnhälfte geschärft, um aus vielen Mosaiksteinen ein Gesamtbild zu entwerfen.

## Visionen

**Nur wer selbst Ziele vor Augen hat, wird andere sinnvoll in die Zukunft führen können**

Die wahre Führungspersönlichkeit braucht für ihre Führungsfunktion visionäre Kraft. Sonst bleibt sie als einfacher Verwalter des Althergebrachten im Mittelmaß stecken. Nur wer selbst Ziele vor Augen hat, wird andere sinnvoll in die Zukunft führen können.

NLP führt mit dem Mentalen Training in die Welt der inneren Bilder ein. Die Fähigkeiten, Visionen zu entwickeln, farbig und plastisch zu gestalten, werden geübt und trainiert. Solche Bilder entfalten ihre eigene Anziehungskraft für einen selbst wie für andere. Führen ist dann nicht mehr autoritäres Antreiben, sondern das Teilen der eigenen Visionen mit anderen.

## Energie und Zielgerichtetheit

**Woher nehmen manche Manager unerschöpfliche Energie ?**

Woher nehmen manche Manager, Firmengründer und wirtschaftliche Pioniere die anscheinend unerschöpfliche Energie, um die selbstgesteckten Ziele zu verwirklichen? Warum schaffen es andere nicht einmal, ihre Post pünktlich zu erledigen?

Der heutige Manager braucht Kraft und Energie, um der Vielfalt der Anforderungen, die auf ihn einstürmen, gerecht zu werden.

**Viele Führungskräfte sind in sich selbst zerrissen**

Viele Führungskräfte sind in sich selbst zerrissen und leben in inneren Spannungen. Um ihre Arbeit zu leisten, treiben sie sich an und setzen sich selbst unter Druck. Sie nehmen ihre ganze Willenskraft zusammen, ihr Leben zu beherrschen und zu kontrollieren.

Viele herkömmliche Trainingsansätze unterstützen diese Haltung, durch die der Betreffende sich im Kampf mit sich selbst aufreibt.

**Den Reichtum des eigenen Potentials entwickeln**

NLP hat einen **ganzheitlichen** Ansatz. Es geht darum, den Reichtum des eigenen Potentials zu entwickeln. Jeder Teil in uns, selbst wenn wir ihn als störend ansehen, hat eine positive Absicht und möchte unser Überleben sichern. Die Kraft, die dieser Teil enthält, gilt es zu nutzen und zu integrieren. Mit den Methoden des NLP werden die Teilnehmer dahin geführt, den inneren Krieg zu beenden. Statt dessen bündeln sie all ihre Kräfte in die gewünschte Richtung. Neue Kraftquellen und Möglichkeiten erschließen sich. Das Vertrauen zu sich selbst und zu den Mitmenschen wächst.

**Den inneren Krieg zu beenden**

Lebenslanges Lernen auch im Bereich der Persönlichkeit ist notwendig. Der Manager von morgen wird sich Zeit nehmen, sein Potential zum Blühen zu bringen. Dann ist Leistung nicht das Produkt ungesunder Überanspannung, sondern das natürliche Ergebnis seiner Schaffenskraft, das ihn selbst und andere befriedigt.

**Leistung als natürliches Ergebnis der Schaffenskraft**

**Literaturverzeichnis**

Birkenbihl V./Blickhan C./Ulsamer B.
NLP – Einstieg in die Neuro-Linguistische Programmierung
GABAL
Bremen/Speyer, 6. Auflage 1993

Fisher R./Ury W.
Das Harvard-Konzept: sachgerecht verhandeln – erfolgreich verhandeln
Campus
Frankfurt, 8. Auflage 1989

Iacocca L:/Novak W.
Iacocca. Eine amerikanische Karriere
Ullstein
Berlin 1987

McCormack M.
Was Sie an der Harvard Business School nicht lernen
mvg-Verlag
München 1990

Rosenthal R.
Der Pygmalion-Effekt lebt
Psychologie heute, Juni 1975

Ross R./Long B.
Unschlagbar verhandeln,
Die beiderseitige Gewinnstrategie
mvg-Verlag
Landsberg 1989

Stemme F./Reinhardt K.
Supertraining. Mit mentalen Techniken zur Spitzenleistung
ECON
Düsseldorf, Wien, New York 1988

Watzlawick P.
Lösungen. Zur Theorie und Praxis
menschlichen Wandels
Huber
Bern, Stuttgart, Wien, 4. Auflage 1988

Watzlawick P:/Beavin J:/Jackson D.
Menschliche Kommunikation
Huber
Bern, Stuttgart, Wien, 7. Auflage 1985

**Empfohlene Literatur zur Einführung ins NLP:**

Cameron-Bandler L.
Wieder zusammenfinden.
NLP – neue Wege der Paartherapie
Junfermann
Paderborn 1983

O´Connor J./Seymour J.
Neurolinguistisches Programmieren:
Gelungene Kommunikation und persönliche
Entfaltung
Verlag für Angewandte Kinesiologie
Freiburg 1992

**Literatur zum Vertiefen:**

Birkenbihl V. F.
Signale des Körpers. Körpersprache verstehen
mvg-Verlag
Landsberg 1985

Ulsamer B.
Erfolgstraining für Manager.
Ihr Mentalkurs zur Spitzenleistung
ECON
Düsseldorf, Wien, New York 1992

Ulsamer B.
PLS-Erfolgstraining
Das mentale Training für Ihren beruflichen und privaten Erfolg
PLS Verlag
Bremen 1992

Wonder J:/Donovan D.
Wie flexibel sind Sie?
Die Lust an der Veränderung. Warum flexible Menschen erfolgreicher sind!
mvg-Verlag
München 1990

**Bei weiteren Fragen zum Thema NLP:**

Dr. Bertold Ulsamer
Zasiusstraße 75
79102 Freiburg
Telefon (07 61) 70 64 77